CB134595

A Prática do Zen na Cura da Depressão

A Prática do Zen na Cura da Depressão

Philip Martin

Tradução
MARTA ROSAS DE OLIVEIRA

EDITORA CULTRIX
São Paulo

Título do original: *The Zen Path Through Depression.*

Copyright © 1999 Philip Martin.
Publicado mediante acordo com HarperSanFrancisco, uma divisão da Harper-Collins Publishers, Inc.

Todos os direitos reservados. Nenhuma parte deste livro pode ser reproduzida ou usada de qualquer forma ou por qualquer meio, eletrônico ou mecânico, inclusive fotocópias, gravações ou sistema de armazenamento em banco de dados, sem permissão por escrito, exceto nos casos de trechos curtos citados em resenhas críticas ou artigos de revistas.

O primeiro número à esquerda indica a edição, ou reedição, desta obra. A primeira dezena à direita indica o ano em que esta edição, ou reedição, foi publicada.

Edição	Ano
1-2-3-4-5-6-7-8-9-10	02-03-04-05-06-07-08-09

Direitos de tradução para o Brasil
adquiridos com exclusividade pela
EDITORA CULTRIX LTDA.
Rua Dr. Mário Vicente, 374 — 04270-000 — São Paulo, SP
Fone: 272-1399 — Fax: 272-4770
E-mail: pensamento@cultrix.com.br
http://www.pensamento-cultrix.com.br
que se reserva a propriedade literária desta tradução.

Impresso em nossas oficinas gráficas.

Dedico este livro, com gratidão,
a todos os que me ensinaram na vida,
especialmente a Dainin Katagiri Roshi.

Embora as técnicas descritas neste livro possam trazer alívio aos sintomas de algumas pessoas, a depressão é uma doença grave que pode, em certos casos, exigir tratamento médico com um profissional credenciado da área de saúde. Os leitores contam com o nosso incentivo para buscar esse aconselhamento. Nem o autor nem o editor assumem qualquer responsabilidade legal por danos decorrentes da aplicação das técnicas apresentadas neste livro.

Sumário

Agradecimentos

Devo muito a Scott Edelstein, primeiro leitor, agente e amigo. Sem seu paciente auxílio e seu generoso incentivo, este livro jamais existiria.

Sally Colemier, que acompanhou o desenvolvimento destas idéias desde sua fase embrionária, ensinou-me a ser sincero e a não ter medo de dizer o que tinha a dizer, lembrando-me sempre do motivo pelo qual eu estava escrevendo este livro.

Myron Malecha, John Robertson, David Pfeffer e Marie Boehlke ajudaram-me a encontrar meu próprio caminho em meio à depressão.

Meus amigos das quintas-feiras – Pat, Nelson, Dewey, Fred e Kelly – compartilharam da minha alegria e ajudaram-me a manter a sanidade mental.

Ted Pirsig, já faz muitas sextas-feiras, ajudou-me a redescobrir o prazer de escrever.

As pessoas e famílias com quem trabalhei ao longo dos anos mostraram-me, sem falhar um só dia, como viver com dignidade e esperança.

Meus colegas de trabalho ensinaram-me muito sobre a compaixão e a paixão em ajudar os outros em todos estes anos.

Foi para mim um prazer trabalhar com John Loudon, Karen Levine e todo o pessoal da Harper San Francisco. Eles entenderam o trabalho – e também as neuroses – de um autor de primeira viagem.

Sou grato a todos aqueles que compartilharam comigo suas lutas e sua cura.

Dainin Katagiri, Tomoe Katagiri e todo o pessoal do Minnesota Zen Meditation Center foram meus mestres no caminho. São para mim inestimáveis. Charlie Greenman e George Zanmiller estavam lá para dar-me a mão quando eu tropecei.

Agradeço à minha mãe e ao meu pai pelo seu amor e apoio.

Acima de tudo, agradeço a Therese e Joe pelo amor e paciência. Therese, você não sabe o quanto me ensinou sobre fé e coragem enquanto empreendia sua própria jornada.

Introdução

Quando estava a meio caminho na vida,
de repente me vi num bosque escuro.

DANTE, DIVINE COMEDY*

Quando eu tinha 17 anos, fiz com dois amigos uma excursão de canoa ao norte do Estado de Ontário. Íamos sozinhos, levando apenas nossas canoas e rações desidratadas. Nenhum de nós tinha experiência nesse tipo de viagem.

Pensávamos que poderíamos fazer a excursão sem a ajuda de ninguém; que bastariam nossos próprios recursos e alguns bons mapas. Só que, com cinco dias de viagem, percebemos que estávamos perdidos. Consultamos os mapas e tentamos refazer o percurso que havíamos feito até então, mas não encontramos nenhum dos pontos de referência que esperávamos. A longa corredeira e a cachoeira que procurávamos não estavam onde deviam; havia um lago onde não podia haver. Estávamos perdidos em território desconhecido, e os mapas e todos os demais recursos interiores de que dispúnhamos eram inúteis.

Quando, aos 37 anos, encontrei-me em meio a uma grave depressão, a sensação que tive foi parecida com aquela da excursão. Eu estava mais uma vez perdido em território estranho, num lugar atemorizante apesar de bonito. Perdi todos os pontos de referência. De repente, surgiam obstáculos de onde não deviam surgir. Os mapas que eu tinha não representavam em nada o terreno em que me achava. O pior de tudo é que nem eu mesmo sabia que estava perdido. E, se nem eu sabia, como alguém poderia saber e ajudar-me?

---

* *A Divina Comédia*, publicado pela Editora Cultrix, São Paulo, 1965.

Eu sempre havia recorrido à prática do budismo quando estava em situação difícil. Só que, nesse caso, ele não me parecia suficiente ou relevante em vista do que eu estava passando. A depressão havia roubado a vida de tudo aquilo que eu julgava vivificante, inclusive da prática espiritual. Os ensinamentos religiosos ou espirituais não pareciam ter muita coisa a dizer sobre a experiência da depressão.

Isso não é de admirar, dado que a espiritualidade se baseia em boa parte na idéia de fuga e transcendência. E se há uma coisa que não tem nada a ver com a depressão é justamente a transcendência. A depressão é, pelo contrário, a experiência de ficar atolado na lama, incapacitado de elevar-se sobre o esterco como faz a flor de lótus, metáfora tão recorrente nos ensinamentos espirituais.

Porém eu acreditara sempre numa prática espiritual que promovesse uma profunda adaptação à vida, que descesse às profundezas que fosse necessário descer. E assim persisti, tentando encontrar uma forma de relacionar essa prática ao que estava acontecendo comigo. E, na verdade, descobri que, em meio ao movimento descendente da depressão, poderia adaptar-me mais à minha vida e que, nessa adaptação, havia uma grande oportunidade para aprender, para abrir-me e crescer.

Minha prática e meu caminho são o zen-budismo. Descobri que era capaz finalmente de incluir minha depressão na vastidão de minha prática e que as pessoas também poderiam fazer o mesmo, independentemente de suas inclinações espirituais.

A depressão é um mal não apenas do corpo e da mente, mas também do coração. Ela nos dá a oportunidade de aprofundar o espírito, a vida e o coração. Podemos aprender muito sobre nós mesmos e o mundo nessa jornada. Adotando uma abordagem atenta e compassiva da depressão, podemos crescer em nossa vida espiritual e atingir uma cura ainda mais profunda.

Este livro é um guia no ermo que é a depressão. Ele foi escrito por alguém que conhece o terreno e sabe que um mapa apenas não basta.

É um guia para o uso de nossos recursos interiores e para a aprendizagem da percepção e da interpretação dos sinais à nossa volta. Em última análise, ele é um guia para o crescimento, a compreensão e a realização.

Há uma história sobre Buda na qual um de seus discípulos lhe faz uma pergunta muito teórica e especulativa. Buda responde com a história de um homem que foi atingido por uma flecha envenenada e pergunta: "Esse homem diria: 'Não permito que esta flecha seja retirada de mim enquanto eu não souber qual a tribo do homem que a lançou, qual a sua família, qual a sua profissão ou de que madeira é feito o arco'? Da mesma forma, não dei resposta aos que querem saber se o universo é finito ou infinito, se Deus existe ou não, nem a questões desse gênero. E que revelei eu? A causa do sofrimento e o caminho para o seu alívio."

É com esse espírito que eu lhe ofereço este livro, na esperança de poder ajudar outras pessoas que sofrem a dor da depressão. Que você possa usá-lo como um guia nesse sofrimento e, talvez, no sofrimento maior desta vida que todos compartilhamos.

Uma nota acerca das explorações

As explorações que se encontram no fim dos capítulos são oportunidades de investigar mais a fundo as idéias neles contidas. Não se destinam a fazê-lo sentir-se culpado se não as realizar ou se não conseguir realizá-las "corretamente". Use-as se entrarem em ressonância com você – caso contrário, siga em frente. Elas são convites, não prescrições.

A maioria das meditações e visualizações baseia-se em práticas tradicionais do zen e do budismo. Elas provavelmente funcionarão melhor se você estiver num local tranqüilo, sentado com as costas retas numa cadeira ou almofada. Porém, de qualquer forma, pode praticá-las da maneira que mais lhe convier.

Os versos baseiam-se em poemas da prática tradicional chamados *gathas*. Mais que preces ou afirmações, eles são usados para trazer-nos de volta ao momento presente e para ajudar-nos a lembrar como queremos viver ao ver-nos diante de um obstáculo ou de uma oportunidade.

Adote ou deixe de lado as demais explorações, conforme achar melhor. Seja gentil consigo mesmo. Lembre-se: o caminho é seu, e você é quem decide como percorrê-lo.

Desejo-lhe uma boa jornada.

Parando para escutar

> Quando é preciso distinguir um som desconhecido, não se pára naturalmente de fazer barulho? Não se pode escutar atentamente quando se está falando, pensando ou indo de um lado para outro. A necessidade de ouvir com atenção gera a sua própria imobilidade. Quando realmente percebemos o quanto somos desatentos e começamos a pensar no que se passa dentro e fora de nós, não *temos* de ver e ouvir calmamente?
>
> TONI PACKER

A depressão é um lugar cinzento que amedronta e desorienta. Mesmo que você já tenha estado lá antes, cada vez é diferente. Às vezes você se sente como se estivesse num deserto frio, morto e solitário. Outras vezes, é como se fosse uma floresta densa e escura, cheia de terríveis animais espreitando nas sombras. Ou pode ser como o fundo do mar: a água o mantém preso, a pressão é insuportável e você não consegue respirar. Qualquer que seja a forma que assuma, parece não haver saída. Você realmente está perdido.

Quando estamos perdidos, com medo ou diante de algo novo ou desconhecido, geralmente nosso primeiro impulso é fugir ou lutar. Anos de evolução nos incutiram isso. Embora de vez em quando se exija uma dessas reações, há ocasiões em que tanto fugir quanto lutar só fazem com que o sofrimento e a sensação de impotência aumentem. Mergulhados em medo e pânico, só fazemos perder-nos ainda mais. Na depressão, muitas vezes fugimos até sermos tragados pela escuridão em que se transforma a nossa vida. Talvez o mais importante para a cura seja, em primeiro lugar, não fazer nada.

Isso pode ser difícil, pois aparentemente vai contra tudo aquilo em que acreditamos. No entanto, não fazer nada – "sentar-se e calar a boca", como diria Katagiri Roshi – é a prática essencial do budismo. Com efeito, foi isso que fez o próprio Buda. Ele se sentou sob a árvore Bodhi e jurou não sair dali enquanto não respondesse por si mesmo à pergunta que se vinha fazendo havia anos.

Essa decisão é muitas vezes considerada heróica – e, quando alguém consegue chegar ao fim de uma situação dessas, pode ser mesmo. Mas é também um ato de rendição e até de desespero. Buda já havia experimentado de tudo que havia para experimentar naquele momento. Ele já havia ido ao extremo dos prazeres sensuais, do sacrifício e da mortificação. Nada disso lhe havia proporcionado a iluminação que almejava. E assim ele decidiu interromper a busca e simplesmente sentar-se.

Havia nessa sua decisão um elemento muito concreto de desespero, de estar encurralado contra o muro. Havia também uma certa curiosidade. Ele queria descobrir em que de fato consistia a vida humana. Em vez de estudar diferentes filosofias e tentar adaptá-las às circunstâncias que encontrava, ele estudou a si mesmo. Jurou encarar estoicamente a si e à sua própria vida e levar a cabo essa profunda investigação, não importava aonde o levasse. (É principalmente isto que leva muitas pessoas a um caminho espiritual: uma mistura de desespero e curiosidade.)

Na depressão, quase sempre estamos encurralados contra o muro. Com efeito, nada descreve melhor a depressão que a sensação de não ter a que recorrer, não ter nada mais a fazer. Apesar disso, ela contém em si muitas possibilidades, pois nos dá a oportunidade de realmente prestar atenção e simplesmente ver o que acontece. Quando já fizemos de tudo, quando nada do que conhecemos e em que acreditamos parece adequado, há finalmente a chance de ver as coisas de uma nova maneira, de ver diferente aquilo que se tornara familiar e obsoleto para nós. Às vezes, quando estamos encurralados contra o muro, o melhor que temos a fazer é sentar-nos e calar-nos.

Quando nos perdemos numa floresta, podemos parar, olhar em torno e descobrir onde estamos. E quando estamos em meio à depressão, podemos parar e olhar em torno para saber onde estamos e como chegamos até aí. Podemos olhar com tranqüilidade e sem medo para nós mesmos, nossa vida e nosso sofrimento sem pensar em remediá-los.

O zen-budismo desenvolveu um método de meditação para trabalhar o coração e a mente utilizando o que foi chamado de *koan*. Os *koans* são descritos muitas vezes como instrumentos destinados a fazer o pensamento cessar para que possamos sentir algo mais profundo dentro de nós. A palavra *koan* provém de um termo chinês que se refere a uma proclamação pública ou mensagem real. Os *koans* nos permitem uma noção bastante clara de nossa mente cotidiana, bem como um vislumbre do que seja a mente iluminada.

A depressão também chega a nós como uma mensagem real. Quando paramos e a escutamos, conseguimos ouvir qual a mensagem que ela traz. O mais famoso escrito do Mestre Zen Dogen é o *Genjokoan*, ou "*Koan* da vida cotidiana". Para Dogen, as próprias questões do dia-a-dia – Por que nascemos? Por que precisamos sofrer e morrer? Quem somos? Como devemos viver neste momento? – fornecem-nos tudo que é preciso para conseguirmos encontrar a liberdade que buscamos.

A depressão acentua a força que essas questões assumem na nossa vida. São elas, juntamente com o sofrimento e a dor profunda que as acompanham, que representam as sementes da nossa liberdade.

Embora a abordagem da depressão em geral nos traga sofrimento e medo, nós podemos empreendê-la. Podemos ficar firmes e não fugir. Podemos, inclusive, deixá-la entrar para aprender o que tem a nos dizer.

Buda buscou a base fundamental da vida, enfrentou-a diretamente e deu-lhe um nome. Podemos fazer o mesmo com a depressão. Fazendo isso, não estaremos cedendo a ela, mas dando o primeiro passo na cura de nossa dor e sofrimento.

A depressão não é simplesmente um passo a mais no *continuum* da tristeza e do pesar. Qualquer um que tenha passado por ela sabe que é qualitativamente distinta de nossa consciência cotidiana. A depressão traz consigo fortes sensações de desesperança e de abjeção, além de uma percepção mais insistente da morte. Mas antes de buscarmos soluções, precisamos examinar esses sentimentos em toda a sua crueza. Quando enfrentamos a depressão, temos a oportunidade de investigar detidamente — quem sabe pela primeira vez — os problemas e sentimentos mais profundos que temos na vida.

Temos uma opção fundamental. Podemos fugir de tais sentimentos, o que só servirá para fortalecê-los. Podemos encaixá-los no arcabouço de uma crença — nossa própria crença ou a de outrem. Podemos ver a depressão em termos morais e crer que ela é um sinal de fraqueza. Podemos vê-la em termos médicos e buscar tratamento com um profissional dessa área. Podemos acreditar que ela é psicológica e revirar o passado em busca das respostas.

Ou, antes de buscar algum conceito ou explicação, podemos fazer como Buda fez e ver as coisas como são. Podemos ver com compaixão aquilo que nos acontece durante a depressão. Podemos analisar-nos sem fugir, sem lutar, sem preconceitos, antes de qualquer idéia de solução.

Exploração adicional

Sente-se com as pernas cruzadas sobre uma almofada ou numa cadeira de espaldar reto, num local tranqüilo. Deixe as mãos repousarem sobre o colo e fixe o olhar no piso um pouco à sua frente. Mantenha as costas retas, com a coluna apoiada confortavelmente sobre os quadris, e incline um pouco a cabeça. Em seguida, conduza a atenção da cabeça para o abdômen, passando pelo pescoço, pelos ombros e pelo peito. Sinta o abdômen levantar e baixar enquanto você inspira e expira. Se quiser, pense "dentro" e "fora", à medida que respira.

Atente para o espaço que o circunda. Sinta-o como seu, sua base, seu lar. Você é como uma pedrinha que afunda num rio até assentar-se no leito, onde as ondas e a correnteza não podem tocá-la. Veja-se sentado num trono ou no alto de uma montanha – qualquer lugar que lhe transmita a idéia de força. Diga três vezes para si mesmo: "Daqui ninguém me tira." Nada o afeta aí. Nesse lugar, você encontra força e segurança. Todos os medos, toda a tristeza, toda a dor podem ameaçá-lo e até envolvê-lo, mas não poderão destruí-lo.

Em seguida, volte a concentrar-se em sua respiração, seguindo-lhe o movimento para dentro e para fora, à medida que seu abdômen sobe e desce. Sua respiração é a âncora que sempre estará lá, mantendo-o ligado a esse lugar. Conscientize-se de que o local em que está sentado é imenso e expande-se para todas as direções. Ele é grande o bastante para abrigar tudo aquilo que você queira colocar nele. Dê as boas-vindas aos seus medos, sua dor, sua depressão. Diga a esta última que não precisa sentir-se excluída desse local; que aí ela receberá compreensão e compaixão. Convide para esse local também todas as divindades ou energias que desejar, em especial aquelas que lhe derem força. Porém, se quiser, convide também aquelas que possam inspirar-lhe medo. Volte mais uma vez à respiração e sinta a imensidão do lugar em que você se assenta como se fosse um rochedo.

Quando estiver pronto para terminar, lembre a todos os que houver convidado a entrar que serão bem-vindos quando você estiver de volta. Lembre-se que esse local está à sua espera, em todos os momentos que você desejar. Sente-se e goze do lugar que criou. Concentre-se no peito, ombros e pescoço e abra os olhos lentamente.

Sondando o território

> Pare. As árvores e os arbustos que estão atrás de você não estão perdidos. O nome do lugar em que você está é Aqui, qualquer que seja ele. E você tem de tratá-lo como um desconhecido poderoso, tem de pedir-lhe permissão para conhecê-lo e para dar-se a conhecer. A floresta respira. Ouça.
>
> ANCESTRAL NATIVO DA AMÉRICA DO NORTE

Quando paramos de fugir, conseguimos começar a analisar o que está ocorrendo conosco. Por mais aterrorizados que estivermos, podemos por um instante deixar de lado o medo. Podemos simplesmente analisar a situação.

É possível que tenhamos nutrido preconceitos em relação à depressão, mas veremos que nenhum deles nos adianta de nada, pois nem de longe se assemelham à sua experiência direta.

Durante a depressão, entramos num mundo que jamais vimos. Talvez nos sintamos diferentes das outras pessoas. Às vezes, temos a sensação de que todos falam uma língua que não entendemos. A mente luta para acompanhar tudo que acontece ao nosso redor. Até o ar e a luz nos parecem diferentes do que eram antes.

A depressão não é apenas a vivência mais profunda de emoções normais de tristeza, sofrimento ou pesar. É claro que elas estão presentes. Mas a depressão é uma experiência inteiramente diferente, tanto no corpo quanto na mente, de tudo que conhecêramos antes.

Precisamos saber como pisar nesse terreno chamado depressão, não só para encontrar uma saída como também para sobreviver enquanto estivermos nele, pois o caminho de saída pode ser difícil e demorar para ser encontrado.

Portanto, é bom começarmos a orientar-nos no sentido de explorar este território em que nos encontramos.

Intensas emoções estão presentes em nós: desesperança, autodepreciação e uma profunda e inexplicada tristeza. Temos a sensação de estar sós. Pensamentos relacionados com a morte intrometem-se na nossa consciência. Podemos inclusive encher-nos de idéias de suicídio.

Nossa mente reage como se não estivesse funcionando corretamente. É difícil formular um raciocínio, falar e até tomar as decisões mais simples. Sentimos exaustão mental, e a memória quase nunca parece funcionar. O corpo e a mente tornam-se lentos. No entanto, ao mesmo tempo, há uma aceleração daquela voz dentro da cabeça que grita coisas terríveis sobre nós mesmos e o resto do mundo. A depressão rouba-nos a atenção e o julgamento justo no momento em que mais precisamos deles.

Além disso, sentimo-nos fisicamente exaustos. Sentimos um peso, como se estivéssemos andando dentro d'água ou em condições de alta gravidade. Movemo-nos com lentidão e muitas vezes temos a sensação de que não vale a pena o esforço de mexer-nos para fazer o que quer que seja. Muitas vezes, a única coisa que queremos é dormir.

O mundo que nos cerca também nos parece diferente. É como se alguém tivesse diminuído a iluminação bem devagarinho, até ficar difícil enxergar. Em toda parte vemos sujeira e decadência, desesperança e morte. De uma forma muito singular, entramos em sintonia com a tristeza que há no mundo — tanto a nossa quanto a dos outros.

Esse lugar pode parecer-nos tão frio e destituído de vida quanto a lua ou tão funesto e opressivo quanto um árido deserto. Ou pode parecer-nos uma floresta densa, escura e ameaçadora. Não vemos saída e nem sequer sabemos que direção tomar. Ou pode parecer-nos o fundo do mar, onde nenhuma luz penetra; a pressão é avassaladora e não conseguimos respirar.

A depressão pode chegar lentamente. Pode ser como a luz que morre ao fim do dia: você mal se dá conta até que já não consegue ver a própria mão diante do rosto. Ou pode ser como caminhar em meio à neblina: você não percebe o grau de umidade até que, de repente, se vê encharcado até os ossos.

Mas nós, que optamos por não fugir, ficamos com tudo isso. Prestamos atenção aos nossos sentimentos e pensamentos, bem como às nossas reações secundárias – nosso desejo de fugir, de esquecer o quanto estamos sofrendo. Optamos por encarar nossa vida de frente, com consciência e compaixão.

Embora seja diferente para cada um, a depressão possui elementos comuns a todos nós. Isso confirma que há um processo físico em ação. A depressão de fato parece ser uma doença, um mal que afeta tanto a mente quanto o corpo.

A depressão é também um mal espiritual. Ela interfere com nossa capacidade de atentar para a maravilha que é o momento presente, de ver o quanto há de bom neste momento e de ter a esperança dos outros momentos que virão depois deste. Ela transforma numa maldição a dádiva de estarmos vivos.

Porém, quando abordamos a depressão de uma forma espiritual – e com a ajuda de outras pessoas –, podemos encontrar a cura não só da mente e do corpo, como também do espírito que sofre.

Exploração adicional

Sentado confortavelmente numa cadeira ou almofada, relaxe a respiração. Em seguida, concentre-se nas inspirações e expirações.

Quando tiver atingido seu ritmo natural de respirar, conscientize-se de seu corpo. Quais as sensações que lhe parecem manifestações da depressão? Qual a diferença que percebe entre essas sensações e as que tem normalmente? Sente o corpo pesado? Sente demasiado frio ou calor? Ou acaso sente em vez disso, dormência?

Observe se e onde há alguma dor. Sente o abdômen contraído, uma dor no peito? Talvez sinta inquietação e tenha dificuldade em permanecer imóvel. Conscientize-se dessas sensações, mas não tente reagir a elas. Em vez disso, procure continuar sentado, respirando e prestando-lhes atenção.

Em seguida, concentre-se um instante em seus pensamentos. Se puder, observe-os ir e vir sem envolver-se com o seu conteúdo. Ao contrário, torne a dirigir lentamente a atenção para a simples observação de seus próprios pensamentos. Existe algum ao qual você não esteja acostumado? Você está pensando na morte ou na falta de valor e sentido? Está preocupado com a angústia, o medo ou as coisas ruins que acha que acontecerão? Procure não interromper seus pensamentos nem afugentá-los; apenas observe-os e registre-os.

Por fim, atente para seus sentimentos e veja como eles se interligam aos pensamentos. Você sente medo? Desesperança? Ansiedade? Desespero? Raiva? Tristeza?

Conduza a atenção ao ponto de partida e detenha-se no corpo. Seus sentimentos e pensamentos estão ligados a alguma das sensações físicas anteriormente detectadas? Quando você se concentra em cada sensação, pensamento e emoção, eles se intensificam ou tornam-se mais fracos?

Quando estiver pronto para terminar, volte a concentrar-se na respiração e observe se houve alguma alteração desde que começou.

Você poderá realizar este exercício de vez em quando, para verificar como andam seus sentimentos depressivos, ou ao longo de vários dias, para conhecer sua depressão realmente bem.

Sentado em silêncio, concentre-se no fluxo e refluxo da respiração.

Em seguida, imagine que sua depressão é um lugar concreto. Como é ele? É como estar perdido numa floresta, preso no fundo do mar ou abandonado num deserto? É estar numa mansão escura? Ou é algo inteiramente diferente?

Explore esse lugar. Concentre-se no cheiro que ele tem, em sua temperatura. Quais os sons que ouve? Existem outras pessoas nele? Como se sente aí – perdido, só, temeroso, confuso?

Você pode voltar a esse lugar quando quiser para analisar melhor sua depressão e conscientizar-se melhor do que ela é – e como pode ter mudado.

A dor

> Qual, então, é a Nobre Verdade do Sofrimento? Nascer é sofrimento; envelhecer é sofrimento; morrer é sofrimento; tristeza, aflição, dor, pesar e desespero são sofrimento; não conseguir o que se quer é sofrimento; viver com apego é sofrimento.
>
> BUDA

> Perceber é sofrer.
>
> ARISTÓTELES

Os alunos de meditação às vezes sentem dor quando ficam sentados na mesma posição por muito tempo. O conselho que muitos mestres lhes dão é fazer da dor o objeto da própria meditação.

Na depressão, podemos ser tomados pela dor. Sua exigência de atenção é gritante. Ficamos tão cansados de sentir dor que buscamos todo e qualquer meio para evitá-la. Às vezes nos enredamos tanto em nossa própria dor que investimos toda a energia em combatê-la.

Muitas vezes nem nos damos conta de que isso é o que está ocorrendo. E, quando reagimos dessa forma, na verdade nem sequer vivenciamos a dor, já que estamos correndo tanto para escapar dela. Às vezes nos acostumamos tanto a tentar ignorá-la que continuamos a fugir mesmo quando ela já passou.

Entretanto, podemos transformá-la no objeto de nossa atenção, em vez de torná-la um monstro do qual devemos fugir. Podemos começar por ir além de vê-la simplesmente como "dor". Podemos analisar seus elementos, observar como ela é. Podemos identificar se o corpo a sente como calor, tensão ou formigamento. Podemos observar se nos contraímos no ponto em que ela se faz sentir ou se todo o corpo entrou em jogo à medida que tentamos fugir dela.

Então podemos ver mais amplamente nossas formas de reação mental. Podemos tentar pensar em outra coisa. Ou podemos tensionar a área em que ela se concentra – embora isso só sirva para bloqueá-la, mantê-la e intensificá-la.

Quando Buda descobriu o caminho da liberdade, começou a ensinar às pessoas a maneira de encontrá-lo. Ele descreveu quatro verdades fundamentais sobre a vida humana e a morte. O ponto de partida de cada uma dessas verdades é a dor.

A primeira verdade mencionada por Buda é que toda vida se caracteriza por *duhkha*. Essa palavra do sânscrito geralmente é traduzida como "sofrimento". Ela se refere, mais exatamente, à insatisfação, ao fato de vivermos num mundo em que todos precisamos enfrentar a dor física e a dor emocional. Além disso, quando experimentamos o prazer, precisamos enfrentar a dor da preocupação – a preocupação com o fim do prazer ou com o fato de ele poder ser roubado de nós.

Buda fez uma distinção entre dor e sofrimento. Trata-se de uma distinção que raramente fazemos. A dor pura e simples é algo que não podemos evitar. A palavra *duhkha* refere-se a todos os modos pelos quais complicamos a dor em nossa precipitação para evitá-la – e a todos os modos pelos quais sofremos por causa disso.

Na depressão sentimos uma dor intensa, tanto física quanto mental. Além disso, costumamos complicar essa dor com nossas tentativas de fugir. E geralmente não nos apercebemos do quanto estamos sofrendo, pois estamos demasiado empenhados em adiantar-nos à dor, ignorá-la ou mascará-la com a raiva.

No início da minha depressão, tentei negar tudo aquilo por que estava passando. As pessoas tentavam me dizer o que para todos era óbvio. Finalmente, foi meu filho, de 3 anos de idade, quem me fez despertar para o que estava acontecendo comigo. Ele me encarou com olhos cheios de amor e perguntou: "Papai, você não está feliz?" Com essa simples pergunta, toda a minha resistência começou por fim a desvanecer-se e eu comecei a ver o quanto ele estava certo.

Quando paramos de fugir da depressão, podemos começar a analisar a dor, passando a dedicar a ela e a nós mesmos mais atenção e carinho. Tornamo-nos investigadores de nossa própria dor e descobrimos onde ela reside. Ela é, com toda a certeza, física. Pode ser uma sensação de frio ou de opressão no peito ou uma pontada no coração.

Embora a princípio a análise de nossa própria dor nos cause medo, quando a empreendemos damos o primeiro passo para tornar-nos menos intransigentes em relação a ela e para realmente sentir o nosso sofrimento. Talvez nos preocupemos pensando que seja tão intensa que não possamos suportá-la. Porém acabamos descobrindo que a dor que sentimos ao tentar evitar o que está acontecendo é, no mínimo, tão forte quanto a dor pura e simples que está por trás dela, se não for ainda pior. E assim podemos concluir, para nossa surpresa, que a dor causada pela depressão torna-se mais suportável.

Quando atentamos para a dor que sentimos, também começamos a ver nossa reação a ela. Talvez estejamos nos contraindo ou criando uma armadura contra a dor, até que essa armadura se transforma num modo de viver. Dessa forma, a depressão cria uma barreira entre nós e a vida.

Mas quando nos tornamos menos intransigentes para com a dor e a tememos menos, descobrimos que podemos voltar a convidar o mundo a entrar.

Exploração adicional

Sentado confortavelmente, concentrado na respiração, atente para alguma possível dor ou desconforto. Você pode optar por concentrar-se na dor física ou na dor mental (de qualquer modo, as duas geralmente não existem uma sem a outra).

À medida que essa dor começa a crescer, lembre-se de sua intenção de não fugir, e sim de explorá-la a fundo. Assim que se conscientizar dela, identifique-a simplesmente como "dor". Em seguida, detenha-se nas qualidades que a definem. Onde se localiza no corpo? Permanece constante ou aumenta e diminui? É uma sensação de frio ou calor? De contração, adormecimento ou formigamento? É uma dor ou um ardor?

O que acontece à sua dor quando você presta atenção a ela dessa maneira? Ela cede? Aumenta? Parece menos com dor e mais com desconforto?

Agora observe os pensamentos que surgem junto com sua dor. Você acha que ela não deveria estar acontecendo? Você sente medo ou raiva? Procura mexer-se um pouco para ver se ela diminui? Isso funciona ou a dor volta logo? Você sente que a área em torno da dor está contraída? A respiração fica mais superficial ou acelerada?

Procure relaxar-se em meio à dor. Se estiver contraído ou se a respiração se houver alterado, deixe que os músculos relaxem e que a respiração se desacelere. Se possível, faça o mesmo com seus pensamentos.

O que acontece com a dor quando você relaxa? O que acontece quando você tenta afastá-la, evitá-la?

Se conseguir permanecer com a dor, você talvez perceba que, sem fazer nada, ela aumenta e diminui, vem e vai como os pensamentos e as sensações. Isso o surpreende? Você já havia percebido esse padrão em alguma outra coisa?

A impermanência

Pense nesta vida fugaz (...) como uma bolha que surge na água de um riacho, uma estrela cadente, um fantasma, um sonho.

O SUTRA DO DIAMANTE

Renunciar às coisas não é desistir delas. É reconhecer que tudo passa.

SHUNRYU SUZUKI ROSHI

Na depressão, geralmente temos uma percepção muito nítida do fato de que nada é permanente. A morte e os pensamentos a ela relacionados não nos saem da cabeça. Pensamos na nossa própria morte, na das pessoas queridas e na de todas as coisas que são importantes para nós. Saber que todas essas coisas acabarão um dia pode causar-nos muita dor.

Embora seja extremamente dolorosa, essa consciência da impermanência é também a descoberta de uma verdade que para Buda era fundamental: a de que todas as coisas são impermanentes. Ou, dito de modo menos elegante, tudo o que se cria se desfaz. Essa é uma verdade que muitos de nós passam a vida inteira tentando ignorar ou esquecer.

Eu sofria muito por estar consciente dessa verdade durante a minha depressão. É como se a decadência fosse uma flor e eu a visse brotar em toda parte. Isso tornava todos os meus atos inúteis e sem esperança – nenhum deles tinha sentido, se as pessoas e as coisas com as quais convivemos não permanecem.

Mas o mundo, no seu sentido maior, *continua* depois de nós, e nós temos de tentar torná-lo um lugar melhor com a nossa passagem por ele. Mesmo assim, é difícil deixar de lado a sensação de que nada importa nesse mundo de impermanência. Na depressão, essa sensação pode ganhar uma força especial.

Tentar entender isso – ou fazer qualquer coisa quando se está em meio a isso – é, nas palavras de Katagiri Roshi, como "lavar um torrão de terra em água lamacenta". Mas ele acrescenta: "Ainda que, em meio a essa desesperança, nossa prática precisa continuar."

Buda disse que é a impermanência o que causa muito de nosso sofrimento. Ou, mais exatamente, não a impermanência em si, mas a nossa recusa em vê-la e aceitá-la. Nosso sofrimento decorre de nosso apego às pessoas e às coisas, das repetidas tentativas de encontrar algo duradouro onde não há.

Queremos que as coisas que nos proporcionam prazer permaneçam como são. Com efeito, queremos nós mesmos permanecer constantes. Mas a verdade da impermanência não só nos diz que nada dura para sempre como também que nada permanece o mesmo. O mundo que vemos está mudando a cada momento, assim como nós. A morte não é senão uma mudança mais drástica num mundo em que tudo, de qualquer maneira, está mudando.

Gostaríamos de pensar que estamos pisando em terra firme, que a constância, a certeza e a permanência nos apoiarão. Mas se optarmos por depender dessa constância, nos veremos pisando no ar. Seríamos como o coiote dos velhos desenhos animados, que não vê que passou da beira do precipício e, de repente, percebe que já não tem nada em que pisar.

Um *koan* zen recomenda: "Estando no alto de um poste de trinta metros, dê um passo em frente." A impermanência é esse poste de trinta metros. Ou, melhor dizendo, nosso apego e desejo de permanência são o poste de trinta metros ao qual permanecemos atados, com medo de ir em frente. É isso que nos restringe e amesquinha a vida, tornando-a tão confinante quanto o topo de nosso poste.

Existe uma outra alternativa. Podemos dar um passo em direção a esse mundo de impermanência. Quem sabe? Em vez de cair, podemos encontrar uma nova liberdade. Podemos cair na beleza da impermanência.

Nenhum jardineiro ignora que é justamente a impermanência dos botões que os torna tão preciosos. A beleza do jardim está em sua natureza em eterna mutação, nas ondas de cores e formas que estão constantemente passando por ele.

A beleza do mundo está no mesmo movimento constante. Podemos dar um passo em direção a essa beleza, em meio a tudo que está morrendo e nascendo à nossa volta.

Exploração adicional

Sentado em silêncio, concentre-se na respiração. Preste atenção ao subir do abdômen a cada nova inspiração e à maneira como ele desce com a expiração, até o limite mínimo. Preste atenção a esse ciclo – de começo, fim e surgimento de uma nova inspiração.

Em seguida, preste atenção aos seus pensamentos. Deixe que lhe venham à cabeça e daí saiam por conta própria, sem interferir, sem envolver-se com eles nem afastá-los. Conscientize-se de como eles surgem e se dissolvem, dando lugar a novos pensamentos. Observe esse ciclo de começo, fim e surgimento de novos pensamentos.

Então concentre-se nas sensações do corpo. Observe como a dor, a inquietude ou a coceira vêm e vão, da mesma forma que a inspiração e a expiração. Quando você não lhe dá atenção nem tenta livrar-se dela, a dor nos joelhos vem e vai por conta própria. Quando ela se for, novas sensações – dor no ombro, coceira no nariz – virão tomar-lhe o lugar. Observe esse ciclo de começo, fim e surgimento de novas sensações físicas.

Reflita algum tempo sobre a impermanência na sua vida. Pense nas coisas ou pessoas que pensou que estariam com você por toda a vida e que já não estão.

Que outras pessoas ou coisas você gostaria que durassem em sua vida? Você consegue ver que elas também, em algum momento do futuro, deixarão de estar com você?

Pense no ciclo de começo, fim e surgimento de pessoas, circunstâncias e coisas na sua vida. Como se sente ao pensar nisso? Sente tristeza, raiva ou desespero? Você acha que é melhor não se apegar a nada nem a ninguém porque tudo se vai?

Pense naqueles filmes rodados a intervalos prefixados – botões de flores abrindo-se em explosões de cores, depois murchando e morrendo e sendo rapidamente substituídos por novos botões. Você consegue imaginar a sua vida da mesma maneira? Você consegue ver que também faz parte desse ciclo de começo, fim e ressurgimento?

A morte

> As pessoas pensam que só os outros morrem.
> Esquecem que, mais cedo ou mais tarde, elas também morrerão (...).
> Torne a palavra "morte" senhora no seu coração,
> Guarde-a e abra mão de todo o resto.
>
> SUZUKI SHOSAN

Buda via na morte uma das principais formas de sofrimento. Ele estava se referindo não apenas ao ato de morrer em si, mas também ao fato de se deixar esta vida, com todos os seus prazeres e alegrias, os seus relacionamentos e apegos. Não sabemos o que nos acontece após a morte, mas só em pensar que deixaremos de existir como existimos agora ficamos aterrorizados.

A conscientização da morte nos faz lembrar o quanto a vida é preciosa e, assim, nos possibilita adquirir uma perspectiva mais sensata dos problemas que temos no dia-a-dia. Apesar disso, essa conscientização não reduz nosso medo do fato de que vamos morrer.

Na depressão, temos uma aguda percepção da morte. Com efeito, a idéia da morte nos parece estar sempre presente. Podemos pensar com freqüência em nossa própria morte. Às vezes, podemos até desejá-la. Também pensamos na morte de todas as pessoas, bens e relacionamentos que prezamos. Tornamo-nos plenamente conscientes da impermanência de tudo que nos cerca.

E nossa percepção está certa. Este mundo *é* impermanente. Tudo que existe à nossa volta sempre está vivendo e morrendo.

Existe uma história sobre uma mulher que viveu nos tempos de Buda. Seu filho havia morrido. Ela o levou até Buda, perguntando-lhe se poderia trazê-lo de volta à vida. Buda respondeu que sim, se ela conseguisse encontrar uma semente de mostarda de uma família que não conhecesse a morte de um pai, um filho ou um amigo. Ela saiu ansiosa em busca dessa semente. Quando voltou, de mãos vazias, havia aprendido que não existe quem não seja afetado pela morte.

Nós não imaginamos isso quando estamos deprimidos e vemos a morte em toda parte. Nossa tarefa é não desanimar e — o mais importante — não ceder ao encanto que a morte possa exercer sobre nós. É nossa tarefa continuar a viver de coração aberto, continuar a viver neste momento, com coragem e fé.

Todos ficamos surpresos quando ouvimos histórias de pessoas que se apaixonam e se casam mesmo quando uma delas está na fase terminal de uma doença. Parece necessário haver muito amor e muita coragem para arriscar-se em uma jornada tão assustadora e dolorosa, decidir amar alguém que se sabe que logo lhe será roubado.

No entanto, não é isso que constitui toda a nossa vida? Vamos em frente, mesmo que nós também estejamos aqui por pouco tempo. Vivemos dia após dia e amamos outros frágeis seres humanos em sua também tênue relação com a vida. Isso não exige muita coragem e muito amor?

Na verdade, viver em meio à morte não deixa de ser maravilhoso. Joseph Goldstein relata a história de uma freira que conheceu na Índia. Todo dia ela pegava uma colher e com ela retirava um pouco de terra do chão. Ele perguntou-lhe o que estava fazendo, e ela respondeu que era uma tarefa dada por seu mestre: "Todo dia, eu cavo um pouco mais da minha própria cova." E Stephen Levine fala-nos de um mestre que dizia por que tinha condições de apreciar plenamente a xícara em que tomava seu chá: "Para mim, esta xícara já está quebrada."

Essas histórias podem dar-nos calafrios, mas têm grande valor. A literatura budista — como também a de outras religiões — está repleta de histórias de pessoas que começaram por procurar respostas para as grandes questões da vida após haver-se encontrado com a morte. O próprio Buda deu início à sua busca espiritual após ver um cadáver sendo levado para seu último abrigo. Portanto, podemos dizer que na depressão somos afortunados, pois temos uma chance de provar da morte, de praticar a impermanência, de ver a morte pelo que ela é.

A realidade da morte é uma dolorosa verdade. É o que dá à vida seu sabor agridoce, seu mistério. Mas é assim que as coisas são – e, na depressão, passamos a ver sem os antolhos que normalmente usamos. Temos a oportunidade de fazer uma opção consciente – como a pessoa que se casa com alguém que está prestes a morrer. Embora para nós e para todos a vida termine na morte, podemos mergulhar neste mundo e vivê-lo intensamente. Podemos guardar sempre, na mente e no coração, que a morte e a impermanência são o que dá à vida seu valor, sua beleza.

Uma antiga história budista fala do grande mestre tibetano Marpa, que havia perdido o filho mais velho. Seus discípulos foram a ele e encontraram-no imerso em grande pesar, chorando e soluçando. Chocados, perguntaram-lhe: "Mestre, como pode chorar se nos ensinou que tudo é impermanência e ilusão?"

"Sim, é verdade", disse ele, "e perder um filho é a mais dolorosa de todas as ilusões."

Não estamos tentando deixar de sentir tristeza e pesar. Antes, preferimos sentir o que temos de sentir e manter o coração aberto apesar da dor.

Amamos o mundo mesmo que tudo que nos cerca esteja morrendo, pois à nossa volta tudo também está nascendo. A depressão nos dá a oportunidade de ver isso claramente. Podemos chorar as perdas e deleitar-nos com este mundo que está constantemente se recriando, nas flores que se abrem e nas crianças que nascem.

Exploração adicional

Sentado em silêncio, concentre-se na respiração. Sinta o abdômen subir e baixar à medida que você inspira e expira.

Durante alguns minutos, acompanhe o ar que entra e sai do seu corpo.

Em seguida, concentre-se apenas na expiração. Sinta o ar saindo e perdendo-se no espaço que o circunda. Observe como seu abdômen e seus pulmões se esvaziam ao fim de cada expiração. Concentre-se nesse espaço ao fim de cada expiração. Talvez o coração bata mais lentamente nesse momento, principalmente no final. Observe ainda se seus pensamentos e sua mente se desaceleram ao fim da expiração.

Já se disse que a percepção da expiração é como provar um pouco da morte. Concentre-se inteiramente em cada expiração, como se fosse a última. Sinta como o alento, os pensamentos e a energia o abandonam e dissolvem-se no ar antes que você comece o processo de reviver ao inspirar novamente. Em seguida, atente para o momento em que expele todo o ar, quando os pulmões e o resto do corpo esperam que a inspiração tenha início. Mantenha-se concentrado no intervalo ao fim de cada expiração e procure familiarizar-se e ficar à vontade com ele. Você poderia continuar à vontade se soubesse que essa expiração é a última?

Quais os pensamentos e sentimentos que surgem quando você respira e se concentra dessa maneira?

Agora volte a concentrar-se no ciclo de inspiração-expiração. Atente para a inspiração como um ato intencional, que dá continuidade a um ciclo de vida e morte dentro de cada ciclo respiratório.

Após haver observado a respiração dessa forma, lentamente vá se concentrando nas coisas que o cercam. Quando estiver pronto, levante-se.

Escreva o seu provável obituário. Quanto tempo você viveu? O que atingiu na vida? O que não conseguiu atingir que gostaria de haver feito? O que dizem a seu respeito no seu funeral? Você viveu uma vida longa? Você partiu antes de se sentir pronto para isso?

Quando terminar de escrever, passe a analisar o que essa atividade o fez sentir. Você sente tristeza ou raiva? É a primeira vez que pensa de modo concreto sobre a sua própria morte?

Na depressão, pensar em suicídio é não só comum, mas também fácil. Geralmente pensamos: "Todos viveriam melhor sem mim" ou "Ninguém sentiria a minha falta se eu morresse mesmo." Em geral, nenhuma dessas afirmações é verdadeira.

Pense com realismo sobre os efeitos que seu suicídio traria às pessoas. Imagine como realmente se sentiriam se você pusesse fim à própria vida hoje. Imagine as pessoas encontrando seu corpo, recebendo a notícia de sua morte. Procure vê-las em seu funeral.

Em seguida, tente imaginar esses mesmos amigos, parentes e conhecidos depois de três meses, seis meses e dois anos. Como se sentem em relação à sua morte? Qual o efeito que ela tem sobre a vida dessas pessoas? Se tem filhos, como está indo a vida deles sem você? Se é casado ou vive com alguém, o que aconteceu a essa pessoa? Você ainda deixa uma lacuna na vida de seus amigos?

Agora compare esse quadro à imagem que tem de que ninguém sente a sua falta ou de que todos vivem melhor sem você. Alguma dessas imagens é precisa?

O medo

> Para aquele que está alerta, cuja mente está livre de paixões, cujos pensamentos são tranqüilos, que renunciou tanto à virtude quanto ao pecado, não há o que temer.
>
> BUDA, *DHAMMAPADA*

O medo é uma forma de sofrimento, uma expectativa de que suceda algo mau. É pensar que em algum momento do futuro não teremos o que desejamos ou perderemos o que temos. Não queremos sentir essa dor. Não queremos nem sequer sentir algum incômodo.

O medo é tanto uma condição física quanto uma emoção. Ele nos contrai, impede-nos de relaxar e perceber no momento presente. Ele nos influencia a mente e o coração.

Estamos acostumados a sentir algum medo na vida. Com efeito, o medo é o que motiva boa parte do nosso comportamento normal. Mas na depressão, às vezes somos tomados por ele, a ponto de ficarmos praticamente impedidos de agir. O medo pode ser tão avassalador que ameaça subjugar-nos.

Muitos de nossos temores habituais se acentuam na depressão. Temos medo do que pensam de nós. Temos medo de que não nos amem. Temos medo da morte. Temos medo de nossa própria morte. Achamos que a depressão, a dor e o medo não acabarão nunca.

Há situações em que é apropriado sentir medo: quando se aproxima um furacão, quando o carro derrapa e nos escapa ao controle, quando um filho vai atravessar uma rua movimentada. Quando nos vemos diante de um perigo real, o medo é útil e é o que devemos sentir.

Porém, muitos de nossos medos são decorrentes de projeção no futuro – a expectativa e a preocupação com o que poderia (ou irá) acontecer. Na depressão, esse medo psicológico é capaz de subjugar-nos.

Para muita gente, os ataques de pânico fazem parte da depressão. Esses ataques são essencialmente um medo de ter medo. Prevemos e imaginamos uma situação incômoda ou ameaçadora e sentimos medo. Então reagimos com temor e ansiedade à própria sensação de medo. Assim, criamos um círculo vicioso que pode chegar ao ponto de nos sentirmos como se fôssemos morrer.

Os sentimentos e sensações de medo são muito desagradáveis, tanto emocional quanto fisicamente. Entretanto, em vez de fugirmos dele ou tentarmos afastá-lo, podemos conscientizar-nos e assimilar esse medo e os pensamentos que o acompanham, podemos interromper o processo de contrair-nos e restringir-nos ainda mais. Podemos romper o ciclo do medo.

A interrupção ou desaceleração do processo de medo que há na depressão pode ser muito útil, principalmente quando não estamos diante do medo de algo específico, mas da sensação de pânico e medo generalizado que às vezes nos domina.

Na meditação, especialmente nos estágios iniciais da prática, às vezes sentimos o mesmo medo infundado porém intenso. Como já disse Katagiri Roshi, meditar pode ser como abrir a caixa de Pandora. Abrimos a tampa e deixamos saírem as emoções e pensamentos feios, monótonos ou aterrorizantes que havíamos trancado dentro de nós mesmos.

Precisamos lembrar uma vez mais de nossa determinação de não fugir. Podemos enfrentar esses obstáculos com atenção compassiva. Quando o medo surge, seja na meditação ou na depressão (ou onde quer que seja), podemos simplesmente transformá-lo no objeto de nossa tranqüila atenção. Podemos analisá-lo; ver como ele é; identificar onde se localiza, se no peito, no abdômen ou na garganta; observar se é uma dor ou um aperto; observar nossa reação a ele; ver como o medo influi sobre nossos pensamentos e emoções. Permanecemos com ele.

Devemos tentar ao máximo permanecer ancorados no momento, pois em geral o medo é uma projeção ou expectativa do futuro. Mas a realidade é que este momento é o que há de mais seguro.

Trabalhei com um paciente que tinha sérios problemas de pânico e medo. Uma vez, quando se encontrava num lugar desconhecido e começava a entrar em pânico, telefonou a um amigo e pediu ajuda. O amigo perguntou-lhe: "Em que rua você está? De que cor é o prédio em frente? Como é a cabina telefônica?" A princípio meu cliente sentiu raiva, achando que o amigo não estava ajudando em nada. Mas então começou a perceber que o medo estava cedendo, entrando em segundo plano. O que seu sábio amigo fez foi trazê-lo de volta ao momento presente, tirá-lo do futuro e dos medos que lhe infundia.

Na depressão, temos a oportunidade de ver o medo que sentimos pelo que ele é. Podemos nos perguntar o que é ser corajoso. E podemos encontrar em nós a coragem à qual recorrer quando estivermos enfrentando riscos reais. Encontrar essa coragem é estar presente com o medo, enfrentá-lo com atenção compassiva.

Exploração adicional

Sentado confortavelmente, comece por concentrar-se na respiração.

Depois de alguns minutos, concentre-se nos seus pensamentos – naqueles que o fazem sentir medo. Ou simplesmente concentre-se em qualquer medo que tenha em mente.

Observe de que modo o seu raciocínio é afetado por esse medo. Ele se acelera? Você tem vontade de pensar em outra coisa? Tem uma sensação de pânico?

Não tente convencer-se a deixar de sentir esse medo; simplesmente, deixe-o estar presente e continue a observar suas reações.

Em seguida, observe suas sensações físicas. Como o medo se traduz em seu corpo? Onde se localiza? Sente o peito ou o abdômen contraído? Seu coração dispara, a respiração fica entrecortada? São sensações desagradáveis?

Procure não alterar as suas reações; apenas observe-as.

Agora volte a seus pensamentos e à presença do medo na mente. Ele aumenta enquanto você o observa? Ou diminui por si só quando você lhe permite ficar onde está? O que acontece quando você se vê lutando contra ele?

Esse medo se relaciona a algo que o ameace agora mesmo, neste exato momento? Lembre-se que, neste instante em que sua atenção está concentrada e em que você está sentado com toda a tranqüilidade, nada pode fazer-lhe mal.

Concentre-se novamente na respiração e nas sensações do corpo por algum tempo.

Quando terminar de fazer isso, observe se o medo continua presente. Ele é tão forte quanto no início? Mais fraco? Mais forte ainda?

Enquanto continua atento à própria respiração, lembre-se de que conseguiu enfrentar e analisar seu medo e saiba que tem a capacidade de voltar a fazê-lo quando quiser.

Pense em coisas ou situações que lhe provocam medo e escolha uma das menos ameaçadoras. O que você poderia fazer que lhe provocaria esse medo? Falar com alguém a quem teme? Ir a um lugar que o apavora? Admitir algo a seu próprio respeito diante de alguém? Fazer algo que nunca fez?

Independentemente do que seja, disponha-se a fazê-lo, não importa o que sinta por causa disso.

Conscientize-se da característica de expectativa que tem o medo. Você está pensando no que poderia acontecer ou dar errado enquanto enfrenta esse medo e vai em frente?

Faça aquilo que havia prometido fazer. Ao fazê-lo, pare e observe o medo, a ansiedade e a expectativa. Relembre a intenção de levar o processo até o fim e de sair incólume do outro lado.

Observe a respiração. (Talvez você mal esteja respirando!) Lembre-se de que na respiração, na atenção tranqüila e neste momento você está seguro. Inspire profundamente três ou quatro vezes.

Caso se sinta ansioso por fugir, volte a parar e inspire profundamente mais algumas vezes, lembrando-se da intenção de permanecer com o medo.

Encare tudo como uma experiência. Se não conseguir chegar ao fim — ou nem sequer começar —, aceite isso e reconheça que tentou.

Se conseguir levar esta experiência até o fim, tente determinar se a concentração na respiração e no que sentia no momento o ajudou. Compare a experiência real com o que esperava ou temia que acontecesse. Seus medos eram justificados ou as coisas sucederam de modo diferente do que previa?

Qual a sua impressão enquanto enfrentava esse medo: ele ameaçava subjugá-lo, tornando-o ainda mais temeroso do próprio medo do que da situação em si?

Aplique este exercício a medos mais fortes e veja o que acontece.

A dúvida

> Não se trata de uma simples dúvida, veja bem, mas de um "monte de dúvidas". É uma dúvida em relação à razão de nós e o mundo inteiro sermos tão imperfeitos, tão cheios de ansiedade, conflitos e sofrimento (...). É uma dúvida que não nos dá descanso.
>
> HAKUUN YASUTANI

Na depressão, temos plena consciência da opressiva dúvida que trazemos dentro de nós. Duvidamos que as coisas um dia melhorem. Duvidamos de nós mesmos pela dificuldade de tomar decisões. E, quando tomamos alguma, duvidamos de haver tomado a decisão certa.

Questionamo-nos constantemente. Duvidamos de que algum ato possa ter boas conseqüências. Duvidamos de poder conhecer a vida e a nós mesmos algum dia. Duvidamos que alguém realmente se importe conosco. No fundo, duvidamos de Deus e de todo o universo.

Obviamente essa é uma situação muito incômoda. Gostaríamos de ter plena certeza. Tentamos encontrar essa certeza em nós. Quando não é possível, tentamos encontrá-la em qualquer pessoa ou coisa que apareça. Recorremos a um emprego, a um relacionamento, a uma crença ou a uma filosofia para ter essa certeza. Queremos sentir que sabemos qual é o nosso lugar no mundo. Queremos que nossa vida seja previsível e certa.

Muita gente se volta para a religião – inclusive para o zen e o budismo – em busca dessa certeza. As pessoas esperam que a religião resolva suas dúvidas. Certas religiões e mestres de fato oferecem garantias, prometendo um lugar certo e seguro num mundo incerto e às vezes perigoso.

Mas, na depressão, todos os critérios seguros e confortáveis que tínhamos (ou pensávamos ter) na vida se vão. Ficamos à deriva, sem nada em que acreditar. A dúvida que trazemos nos corrói as entranhas. Não conseguimos livrar-nos dela, por mais que tentemos.

Quando a dúvida cresce o bastante, temos vontade de descartá-la, de livrar-nos dela para sempre. Queremos que a certeza lhe tome o lugar. Quando nada adianta, queremos encontrar pelo menos algo em que possamos acreditar.

Por mais desagradável que pareça a princípio, essa situação na verdade é muito boa.

Embora a busca da certeza possa levar-nos inicialmente a mestres e religiões, os mais sábios não farão senão encorajar a dúvida que trazemos dentro de nós. De fato, essa dúvida é em si uma grande mestra e uma grande oportunidade.

O mais comum é procurar a religião ou a filosofia para encontrar alguma crença ou explicação que seja como um porto seguro na tempestade. Mas em nossa vida a tempestade continua. Os portos seguros não existem. Nunca existiram.

Os que recorrem ao budismo podem ter durante algum tempo a impressão de haver caído numa enorme armadilha. Lemos algo de seus ensinamentos e sentimos que tem ressonância em nós; esperamos que ele nos dê alguma explicação, uma base, algo útil em que acreditar. Em vez disso, dizem-nos que devemos examinar tudo. Somos incentivados a duvidar. Somos instados a não crer em nada até que tenhamos uma prova pela nossa própria experiência.

A maioria dos *koans* zen – perguntas e histórias sobre os quais os mestres muitas vezes pedem aos praticantes que reflitam – destina-se na verdade a *aumentar* nossa dúvida. O primeiro que é geralmente apresentado, um *koan* chamado simplesmente de *mu*, já foi comparado a uma bola de ferro incandescente que fica presa na garganta.

Hakuin, um grande mestre zen do século XVIII, ensinou que a grande dúvida é uma das bases da prática do zen. Muitas vezes a dúvida é o que nos leva à meditação e aos ensinamentos zen – a dúvida sobre quem somos, por que a vida é tão cheia de sofrimento e como devemos viver sabendo que morreremos. Devemos então acolher essa dúvida, meditar nela e assimilá-la até que ela nos preencha todo o ser.

Precisamos estar dispostos a viver em meio a essa imensa dúvida e achar que assim está bem. Na verdade, precisamos aceitar que talvez ela jamais se resolva e que *mesmo assim* estará tudo bem.

Isso quer dizer que nós questionamos tudo continuamente; que nunca simplesmente aceitamos as respostas que nos dão. Significa que não acatamos as respostas mesmo quando as descobrimos sozinhos.

Se conseguirmos conviver com essa dúvida, estaremos eternamente prontos para ser surpreendidos – pela vida, por nós mesmos, pelas nossas respostas, pela nossa experiência.

Meu mestre, Katagiri Roshi, gostava de dizer que estudamos alguma coisa só para compreender que sabemos muito pouco sobre ela. Viver na dúvida é viver em mistério, dar ao mistério um lugar grande e vital na nossa vida. A vida humana é maior que tudo o que possamos acreditar ou compreender a seu respeito.

É por isso que a dúvida que ganhamos na depressão é uma dádiva e um grande ensinamento.

Exploração adicional

Um verso para quando aparece a dúvida:

Quando a dúvida brotar no meu jardim
Não a arrancarei pela raiz
E regarei o seu mistério em flor
Com a água da certeza.

A aflição do corpo

Geralmente, a sabedoria do corpo explica
o desespero do espírito.

MARION WOODMAN

Este corpo é Buda.

HAKUIN

Há um consenso entre a maioria das grandes tradições espirituais quanto ao fato de o corpo ser finito. Embora possam divergir em suas visões da mente e da alma, todas concordam que, no fim, o corpo voltará ao pó. (Já se disse muitas vezes que a diferença entre o ser humano e o animal é que o primeiro sabe que vai morrer.)

Bem dentro da sua carne, o corpo sabe que vai morrer. Ele sente profundamente a energia perdida da velhice, o gosto da deterioração que é a doença. Conhecemos em nosso DNA a verdade da impermanência. Nosso corpo lamenta essa perda, a preciosidade e a precariedade da vida.

A depressão é não apenas uma experiência na mente; ela é também uma aflição do corpo. Há uma falta de energia, um peso doloroso, uma tristeza e um pesar que nos invadem até a medula. A tristeza e o pesar que sentimos são, em parte, o desejo de permanência do corpo, pois, em tudo que ele percebe, não há nada que não seja mudança e decadência. Quando conseguimos abordar esse pesar e essa tristeza sem medo, é possível vislumbrar o pesar do mundo inteiro, o sofrimento de todos os seres.

Na depressão, podemos sentir o pesar em tudo que nos cerca, escondido logo atrás dos rostos que vemos. Vendo isso, conscientizamonos de que toda essa dor vem do mesmo lugar. Então, quando choramos, choramos as lágrimas do mundo inteiro.

O budismo com razão vê o corpo como o meio pelo qual atingimos a iluminação. No entanto, nossa tecnologia objetiva cada vez mais tornar o corpo obsoleto. Hoje em dia freqüentemente ignoramos uma das necessidades mais básicas do corpo, que é a de ser útil. Dirigimos um carro, em vez de caminhar. Compramos comida pronta, em vez de cozinhar. Colocamos os pratos sujos numa lava-louça. Fazemos a barba rapidamente, com um barbeador elétrico, em vez de sentir o prazer de passar espuma no rosto com um pincel, de ter o peso de uma navalha na mão.

Esses e outros artefatos nos são vendidos com a promessa de transformar em prazer o que antes era monótono. Mas, na verdade, eles só tornam essas tarefas mais rápidas; as tarefas em si continuam não sendo nem um prazer nem um desprazer. O verdadeiro prazer está na atividade, no sentir conscientemente o que proporciona o cumprimento daquela determinada tarefa – no fazer exatamente o que estamos fazendo, tão plenamente, tão entregues, que aquela simples atividade preencha todo o universo.

Na depressão, a sensação de peso e lentidão é parecida à que se sente quando se pratica a meditação caminhando. No extremo esforço necessário a perfazer mesmo o menor dos atos, como acordar ou atravessar o quarto, está a oportunidade de vivenciar e sentir plenamente esse ato.

Assim, podemos ter prazer em sentir o calor do Sol nas costas, ou mesmo o da lâmpada que temos atrás de nós. Podemos ver como essas sensações se haviam perdido para nós antes da depressão, enquanto tratávamos de chegar ao fim de nossos dias movimentados sem prestar atenção ao que estávamos fazendo.

A depressão nos dá a chance de voltar ao corpo, de sentir tudo aquilo que estávamos perdendo.

Explorações adicionais

Pratique a meditação caminhando. Escolha um local tranqüilo, com espaço suficiente para andar e dar voltas. Fique de pé com os braços pendendo ao longo do corpo ou cruzados confortavelmente, descalço, com os olhos voltados para o chão. Concentre-se inicialmente na respiração, sentindo o abdômen elevar-se e baixar à medida que inspira e expira. Em seguida, concentre-se na parte inferior de seu corpo, observando a postura e os músculos que o sustentam de pé. Sinta como é seu corpo — ombros, peito, abdômen, glúteos e pernas. Sinta como o seu peso repousa sobre a planta dos pés. Quando estiver pronto, levante o pé direito, primeiro o calcanhar, enquanto respira. Perceba como seu peso se transfere para o pé esquerdo à medida que seu corpo se move para diante. Ao expirar, coloque a parte anterior da planta do pé direito no chão. Observe como agora seu peso é transferido para o pé direito. Ao inspirar novamente, comece a levantar o pé esquerdo. Continue a caminhar lenta e metodicamente por quanto tempo puder, enquanto não sentir desconforto, atentando para as sensações do corpo durante o ato de caminhar. Quando estiver pronto para parar, faça uma pausa para sentir o peso nas plantas de ambos os pés enquanto permanece imóvel. Concentre-se inteiramente na respiração mais uma vez e levante os olhos.

Você pode praticar esse tipo de meditação também informalmente, quando estiver caminhando em algum lugar. Basta apenas voltar a atenção para dentro de si, para as sensações do caminhar.

Pare ao longo do dia para observar a posição em que seu corpo se encontra, esteja você de pé, sentado ou deitado. Faça a atenção percorrer o trajeto que liga a cabeça aos pés. Observe a pressão contra seu corpo no ponto em que ele repousa; observe se os músculos estão tensos ou relaxados. Sente frio ou calor em alguma parte? Conscientize-se das roupas em contato com a pele ou do ar na pele nua. Qual a sensação que tem no peito ou no abdômen?

Prepare e coma uma refeição em silêncio. Aprecie o verdor dos brócolis, o peso da faca em sua mão, o cheiro que sente ao cortar as batatas. Escute o borbulhar do cozido e sinta o vapor quente que sobe e embaça a colher fria que você está segurando. Antes de comer, dê graças em silêncio. Escute o ruído da colher contra a louça e sinta o aroma da comida ao levá-la à boca. Sinta o calor do arroz e o frescor da fruta, primeiro na língua e depois na passagem para o estômago.

Não pare aí; lave os pratos com a mesma atenção e apreço que empregou ao cozinhar e comer.

O desejo

Qual a verdade da origem do sofrimento?
É aquela ânsia que dá lugar a novo renascer e,
presa ao apetite e à voracidade, ora aqui, ora ali,
encontra sempre novos deleites. É a ânsia sensual,
a ânsia da existência, a ânsia da não-existência.

BUDA

Se nada desejares, estarás contente com tudo.
Se fores em busca de coisas, terás frustrações
a cada instante.

RYOKAN

Muitas vezes temos na depressão uma sobrecarga sensorial. Perdemos alguns de nossos filtros, e os ruídos do mundo inteiro parecem clamar por nossa atenção. Somos tomados de assalto por visões, odores, sons e pensamentos e achamos que já não temos um momento de paz. Fazer compras num mercado lotado, pegar um ônibus ou simplesmente andar pelas ruas às vezes são demais para nós. Vamos nos desgastando à medida que a nossa atenção vai captando uma sensação após outra.

Ao mesmo tempo, os momentos de silêncio e imobilidade também podem deixar-nos pouco à vontade. Quando estamos a sós com nossa dor e nosso vazio, desejamos ardentemente algum estímulo que nos afaste esses sentimentos da cabeça. Isso pode levar-nos a uma busca quase compulsiva de experiências agradáveis que funcionem como distração.

Em qualquer dos casos, há uma viscosidade em nossos sentidos. Como papel mata-moscas, eles atraem e grudam em tudo com que entram em contato.

A segunda verdade fundamental descrita por Buda é que o sofrimento de nossa vida é causado por nosso desejo, por nossa voracidade

– em particular, por nossa voracidade de sensações. A palavra sânscrita que ele empregou é *trishna*, que significa "sede" ou "ânsia".

A sede de experiências, sensações e prazeres é a causa de nosso sofrimento. Assim, ele assume a forma não só da dor, mas também de uma insatisfação psicológica e existencial. Ele é a sensação incômoda e constante de que deveríamos ter mais, ser mais felizes do que somos. Tememos que o momento seguinte nos traga mais dor e esperamos que nos traga mais felicidade.

Esse desejo nos faz querer mais e mais sensações; nos faz querer especialmente as sensações agradáveis; nos apegamos ao prazer e evitamos a dor. Da mesma forma, tentamos evitar as sensações neutras e até as de simples desconforto. Mesmo quando experimentamos algo agradável, temos consciência de que poderíamos perdê-lo, e então nosso apego se torna ainda mais forte.

Neste mundo de computadores velozes e estimulação constante, às vezes pensamos que não podemos escapar à violência dos sentidos. Porém, em vez de achar que essa estimulação toda já é suficiente, continuamos a querer mais – computadores mais velozes, cores mais vivas, novos prazeres e experiências. A vivência da insatisfação só consegue fazer-nos desejar mais, dando à nossa sede e apego um tom desesperado, como um vício.

Não é a experiência da dor ou do prazer o que causa nosso sofrimento. O sofrimento é o que acrescentamos à experiência. Nosso processo de apego ao prazer e fuga da dor nos mantém insatisfeitos e, em última análise, impede-nos de estar plenamente presentes em nossa vida.

A depressão, com sua dor intensa, permite-nos ver essa voracidade e essa evitação. Tentamos evitar a dor que sentimos e aferrar-nos cada vez com mais força e desespero a qualquer coisa que nos dê alívio ou, finalmente, prazer.

Mas nós podemos começar a interromper a nossa caça ao prazer. Podemos parar de fugir da dor. Podemos parar de controlar tanto a vida – e a nós mesmos – e começar a viver de verdade. Ao vermos nossa voracidade como de fato é, podemos começar a mudar.

Exploração adicional

Quais são as coisas que você acha que precisa ter para ser feliz — o que falta para que você se sinta completo? A que você recorre quando se sente só, triste ou desgostoso para esquecer essas sensações? Você é capaz de observar esse impulso dentro de si mesmo — o de evitar a dor e buscar o prazer — e não ceder a ele? É difícil? Como se sente quando não atende ao desejo?

Uma das maneiras de ver a nossa voracidade e apego é analisando o tédio. Você acha difícil ficar só sem ter com quem falar? Quando está entediado, fica ansioso? Você usa o telefone, a televisão ou o rádio para aliviar o tédio? O que acontece quando você não cede ao tédio e simplesmente o observa?

Não é raro ficarmos entediados com a meditação. Quando nos sentamos em silêncio, com poucos estímulos sensoriais ou físicos, é fácil ficar entediado e inquieto.

Observe esse tédio quando ele surgir. Você procura algo com que se ocupar ou entreter? Como?

Talvez você pense em momentos agradáveis do passado ou se preocupe com o futuro. Pode pensar em histórias que já leu ou canções que aprecia. Ou talvez apenas fantasie com sexo, comida ou outros prazeres.

Não critique esses impulsos de buscar o prazer quando estiver entediado. Observe sua reação ao tédio. Onde ele se origina? Provoca-lhe incômodo? Há algum traço de voracidade no seu afã de não se entediar, de distrair-se?

O que acontece quando você não cede ao tédio e só o observa?

Fugas

O que não conseguimos enfrentar nos enfrenta,
de qualquer maneira.

JOHN TRUDELL

O monge zen deve ter atenção incondicional até quando
está perdendo tempo.

PROVÉRBIO ZEN

Uma das principais características da depressão é a perda de interesse pelas coisas que antes nos davam prazer. Entre essas coisas estão não só a música, o cinema, os *hobbies* e os amigos, mas também atividades mais fundamentais, como a alimentação, o sono e o sexo. O mundo torna-se cinzento e o Sol perde o calor.

Para o budismo, existem três tipos de sensações: as prazerosas, as desagradáveis e as neutras. Na depressão, parece que todas as sensações se classificam nas duas últimas categorias.

Numa situação dessas, procuramos encontrar algo que nos dê prazer. Ou, se não conseguimos encontrá-lo, esperamos pelo menos fugir do que é doloroso e cair no que é neutro. Apesar disso, a dor da qual fugimos parece estar à nossa espreita em todos os momentos.

Em nossas tentativas cada vez mais desesperadas de aliviar-nos, recorremos às drogas, ao álcool ou ao excesso de comida, de sexo ou de trabalho. Quando nada disso surte efeito, podemos recorrer a alguns de nossos novos brinquedos – televisão, computador, *videogames*. Ou podemos recorrer à religião com o mesmo desespero e gula mental.

Evidentemente, a eficácia de qualquer dessas coisas é sempre bem limitada. Na aridez da depressão, isso é ainda mais verdadeiro que de hábito. No entanto, a maioria das pessoas acaba intensificando a mesma tática ou pulando de uma para a outra, mesmo que a dor continue lá, sempre à espreita.

Como muitas outras características da depressão, essa atitude é uma ampliação daquilo que normalmente é nossa consciência e nossa vida. É um caso mais grave de nossa tendência a fugir do que é doloroso, a evitar a dor a qualquer custo.

Boa parte da vida e das atividades humanas é dedicada a essa busca. No caso da depressão, todavia, temos a oportunidade de examiná-la mais de perto. Em parte, isso se deve ao fato de a dor ser mais intensa. Porém é basicamente por conseguirmos tão pouco quando tentamos fugir da depressão dessa maneira.

A maioria das pessoas foge da dor, qualquer que seja o tipo. A fuga nos impede de estar plenamente presentes na vida, de sentir plenamente tanto a alegria quanto a dor. Assim, guardamos distância de nossa própria vida e acabamos com a sensação vaga e incômoda de que alguma coisa está errada, alguma coisa está faltando.

A depressão rouba-nos o luxo de dar as costas à nossa própria vida. Não conseguimos mais continuar fugindo das sensações incômodas. Isso nos dá a oportunidade de ver que de fato damos as costas à vida e que essa fuga às avessas simplesmente não funciona. Por fim, quando nos vemos encurralados contra o muro, temos a chance de mudar. Quando não há mais saída, podemos encontrar uma nova liberdade.

Antes de mais nada, porém, é preciso examinar dois mal-entendidos que nos fazem fugir. O primeiro é o de que há algo errado em sentir dor. Senti-la significa apenas que estamos vivo, que somos seres humanos sensíveis. Buda chamou a atenção para o fato de que, uma vez nascidos, sofremos, sentimos dor, caímos doentes e, finalmente, morremos.

Logicamente, é natural evitar a dor. Evitando-a, nos mantemos vivos. Colocar a mão numa chama seria tolice. Mas nosso equívoco não está aí. Erramos quando achamos que não deveríamos sentir dor – que o momento doloroso, a experiência presente, não deveria existir. Acreditamos que há um outro momento certo, no qual não existe dor.

Quando acreditamos que esse momento em que sentimos dor não deveria existir ou está errado, podemos começar a acreditar que há algo de errado conosco. Ou então podemos procurar algo exterior – algo de errado com o mundo – para culpar por essa dor. Esse raciocínio é o nosso segundo mal-entendido, e dele decorrem muitos de nossos problemas.

Acontece que, quando vemos a situação como nós, os sofredores, de um lado, e o problema que causa esse sofrimento, do outro, não há outra opção a não ser agir conforme o mundo exterior a nós para ficarmos felizes. Levada a extremos, essa idéia torna-se vício ou compulsão, como o dependente que tenta repetidamente, mesmo sem êxito, encontrar a paz na única resposta que escolheu. Essa crença comum e inútil é simplesmente parte da condição humana, já descrita por Buda e outros mestres.

A tentativa de resolver os problemas visando o que está fora de nós é o que motiva muitos dos atos humanos. Na prática espiritual, temos a oportunidade de ver o quanto essa lógica é falha, apesar de quase todos nós termos construído nossa vida com base nela.

O verdadeiro obstáculo que encontramos ao tentar voltar a nós mesmos na depressão é a sensação de que há algo de extremamente errado em nossa própria base, de que somos totalmente imperfeitos. Tudo que possa levar-nos de volta a nós mesmos, que nos obrigue a concluir que temos parte em nossa infelicidade, só faz corroborar essa visão.

A depressão muitas vezes é concebida como uma doença do egocentrismo. Embora seja verdade que na depressão podemos estar mais preocupados e envolvidos com o eu do que o normal, isso é assim apenas porque o eu parece tão imperfeito e destituído de valor. A princípio, até admitir a depressão é difícil, pois isso equivaleria a admitir que a visão de nós mesmos como imperfeitos é correta. Em vez disso, preferimos muitas vezes culpar o mundo e os outros por anos a fio. Para muitos, a aceitação inicial da depressão torna-se assim a grande barreira. Mas, se conseguirmos esquecer a idéia de certo e errado, de responsabilidade e culpa, pode ter início a verdadeira cura.

Ao lidar com a dor da depressão – ou de estar vivos – é necessário primeiro aceitar a dor e parar de fugir dela. Suas origens, causas e soluções não são tão importantes quanto nossa aceitação e nossa intimidade com ela.

A meditação nos dá uma grande oportunidade de fazer isso. Ao assumirmos o compromisso de meditar, assumimos também o compromisso de não fugir da dor, mas sim explorá-la e analisá-la.

Quando a analisamos, começamos a ver como julgamos essa dor e reagimos a ela. Podemos sentir raiva, fantasiar ou buscar alguém a quem culpar. Logo vemos que essas tentativas de evitar a dor não funcionam. Se perseverarmos, descobriremos que somos capazes de sobreviver à dor e atingir finalmente a paz e a alegria, mesmo que a dor continue. Na verdade, ela se torna parte dessa paz.

Se aceitarmos a dor da depressão e a analisarmos, veremos nossas tentativas de fuga pelo que elas são. Então, à medida que começarmos a sentir mais plenamente a dor, a alegria também surgirá.

Logo começaremos a compreender a distinção entre dor e sofrimento: a dor não pode ser evitada, mas o sofrimento que vem de nossa tentativa de evitar a dor não é necessário. Como sempre nos disse meu mestre zen, Katagiri Roshi, "Tudo o que devem fazer é manter-se firmes em meio a seu sofrimento".

Exploração adicional

Escolha uma das coisas que normalmente usa como escape quando as coisas não correm como você deseja – comida, televisão, sexo, trabalho. Determine-se a não utilizá-la quando a sua vida lhe parecer muito cheia de dor – por uma hora, um dia ou uma semana; não para sentir-se virtuoso, mas como uma experiência, simplesmente para ver o que acontece. E, se por acaso recorrer a essa coisa, pare e observe. Conscientize-se do que sente quando recorre a essa válvula de escape. Como é a sensação da dor? Física, emocional ou mental? Como se sente quando não pode recorrer a essa válvula de escape? Procura outra coisa para utilizar em seu lugar? Quanto tempo dura a sensação? Como se sente quando o desejo de fugir passa?

Agora vá em frente e use a sua válvula de escape quando quiser. Mas observe como se sente no momento em que decide fazê-lo. Preste atenção ao que sente enquanto a utiliza. O que deflagra seu desejo de distrair-se das sensações incômodas? Qual a duração dessa atividade? Por que você decide parar? Como se sente após ceder e fugir por algum tempo? A sensação da dor permanece? Fica mais fraca?

Exigência e intransigência

O Grande Caminho não é difícil. Simplesmente evite selecionar e escolher.

JOSHU

Uma diferença da largura de um fio de cabelo, e o céu e a terra são colocados muito longe um do outro.

SENG-TS'AN

Uma das principais características da minha depressão era a predisposição ao ceticismo e ao julgamento. Eu estava constantemente olhando as pessoas à minha volta, julgando-as mentalmente por suas roupas, seus modos, sua forma de falar. Tinha dificuldade de ler, pois enquanto lia criticava o autor, pensava que sabia escrever ou argumentar muito melhor que ele. Imaginava que as pessoas mais próximas viviam suas vidas motivadas por pensamentos e razões altamente negativos.

Os juízos que fazia a meu próprio respeito eram ainda mais severos. Repreendia-me constantemente por cada pensamento ou ação. Achava que, no fundo, eu era como uma maçã vermelha e bela que, por dentro, está bichada e podre.

Eu já tinha algum conhecimento e alguma experiência daquilo que Buda chama a mente discriminativa ou julgadora. Porém, na depressão, era como se aquela mente tivesse ganho um megafone. Tornei-me consciente do quanto essa mente discriminativa está sempre de sobreaviso, tentando a cada instante influir sobre o modo como vivemos a vida.

A depressão arranca das sombras essa mente julgadora e nos permite ver o quanto ela está presente no nosso raciocínio. Embora na depressão ela possa ser mais negativa e falar mais alto, pode também ser positiva em seus julgamentos. Nessas ocasiões, talvez seja mais difícil discerni-la. Mas os juízos positivos podem criar tantos problemas quanto os negativos, pois continuamos ocupados discriminando, escolhendo, julgando, avaliando, categorizando.

A mente discriminativa examina cada experiência e determina se é agradável ou desagradável. Em seguida, determina se deve ser buscada ou evitada. Ela compara e agrupa tudo aquilo com que entramos em contato. Procura descobrir se algo se parece com outras coisas que conhecemos, a classifica e a compara com tudo que já vimos.

Essa mente discriminativa é indispensável a muitas das atividades de nossa vida. Já se disse que ela pode ser a causa de boa parte do que sofremos, mas sem dúvida nos ajuda quando queremos tomar um ônibus. A dificuldade é que não sabemos quando dar-lhe ouvidos e quando tratá-la como uma criança birrenta – ou seja, delicada, porém firmemente.

Nossa exigência e intransigência por fim nos impedem de vivenciar a própria vida. Estamos quase sempre ocupados em decidir o que pensar a respeito de nossas experiências, em vez de vê-las na intimidade, com mente aberta. Quando consideramos todas as coisas, avaliando-as e ordenando-as, deixamos de lado as suas inter-relações.

Jesus disse: "Não julgueis para não serdes julgados." Não se trata de uma simples relação de causa e efeito. A depressão permite-nos ver que, com os juízos que fazemos dos outros e de nós mesmos, criamos muitos dos nossos sofrimentos. No momento em que julgamos e discriminamos, somos também julgados, pois precisamos viver nesse mundo de julgamentos que criamos.

Exploração adicional

Quando estiver meditando, depois de ter-se sentado e estar concentrado na respiração, atente para o que está pensando. Pare e observe os seus próprios pensamentos. Isso pode ser difícil a princípio, mas cada vez que perceber que começou a pensar novamente, volte, sem julgar-se, à observação.

Preste especial atenção à forma como mentalmente julga e organiza as coisas. Não tente interromper esses julgamentos. Quando perceber que está fazendo isso, simplesmente registre para si mesmo: "Julgando."

A mente discriminativa e julgadora é muito sutil. Suponhamos que você emita um juízo a seu próprio respeito: "Sou terrível por julgar tanto" ou "Medito mal por não conseguir fazer este exercício." Ao perceber que está fazendo isso, simplesmente registre o fato. Talvez valha a pena pensar: "Ah, lá vêm os julgamentos de novo!", se isso reduzir a culpa que acompanha a constatação.

Quando achar que chegou ao fim, concentre-se por alguns minutos na respiração antes de parar.

Nas atividades cotidianas, atente para o que está pensando e observe quando começa a fazer julgamentos. Mais uma vez, não se culpe por isso. Simplesmente tome nota: "Ah, julgando novamente."

Para investigar o quanto os julgamentos o afetam, procure fazer algumas coisas que sempre achou que detesta. Ouça música *country*, leia um romance policial, alugue uma fita de Sylvester Stallone ou assista a um programa evangélico na televisão. Aborde a atividade com abertura e preste atenção ao que pensa. Observe quando e como julga ao longo dessa experiência. Como se sentiu ao fazê-la? Sentiu aversão? Ficou surpreso por gostar? Seus julgamentos permitiram-lhe sentir-se superior?

Para ver como os julgamentos afetam o seu relacionamento com as pessoas, escolha alguém a quem deteste ou faça sérias críticas. Então, durante uma semana, procure pôr de lado o que sente em relação a essa pessoa. Tente imaginar como é a vida dela. Faça algo de gentil por essa pessoa sem que ela saiba: deixe-lhe um bombom, mande-lhe um simpático postal anônimo, faça uma tarefa que deve ser cumprida por ela.

Como se sente em relação a essa pessoa durante esse tempo? Enquanto faz algo simpático por ela? No fim da semana?

Ela se comporta de modo diferente com você? O que acha de si mesmo após haver feito isso? Você era "mau" antes dessa semana? Está orgulhoso de si mesmo agora? Algum desses julgamentos é correto? Faz alguma diferença se um é certo e o outro errado?

A raiva

Um discípulo foi a Bankei e queixou-se: "Mestre, tenho um gênio incontrolável. Como posso curá-lo?" Bankei respondeu: "Isso é muito estranho. Mostre-me como é." "Agora não posso mostrá-lo", disse o discípulo. "E quando poderá fazê-lo?", perguntou Bankei. "Ele surge de modo imprevisível", replicou o discípulo. "Então", concluiu Bankei, "não deve ser a sua verdadeira natureza. Se fosse, você poderia mostrá-lo a mim quando quisesse. Quando você nasceu, você não o tinha e seus pais não o deram a você. Pense bem nisso."

HISTÓRIA ZEN

Na depressão, podemos ficar literalmente doentes de raiva – raiva de nós mesmos por estarmos atolados na depressão, raiva da depressão em si, raiva dos que não nos podem ajudar ou não conseguem compreender-nos. Ou podemos estar repletos de uma raiva que parece independente de qualquer coisa ou pensamento.

Às vezes a raiva se torna o sentimento predominante da depressão. Isso pode ser simplesmente a natureza dessa depressão específica. Mas pode ser também que não julguemos a tristeza e o pesar emoções aceitáveis – assim, só nos permitimos sentir raiva.

Os ensinamentos budistas consideram a raiva um dos "três venenos", juntamente com a ganância e a ilusão em relação ao que realmente somos. Na depressão, a raiva de fato parece envenenar-nos a mente e o corpo. No entanto, não conseguimos mudá-la ou controlá-la.

Ao permitir-nos ver a raiva nua e crua, a depressão permite-nos ver também como somos repelidos – mas também atraídos – por ela. Ela pode atrair-nos pela possibilidade de substituir a tristeza que sentimos e de ser um antídoto contra a sensação de desamparo e impotência.

A raiva fortalece a nossa noção de eu — um eu que julgamos importante e digno de proteção. A maior parte da nossa raiva provém desse eu, principalmente quando achamos que ele está sendo ameaçado ou ignorado. A análise dos pensamentos e emoções que subjazem à raiva pode revelar-nos onde ela começa. Isso pode ajudar-nos a diminuir o seu controle sobre nós.

Mas antes de examinarmos o que está por trás da raiva, vale a pena vê-la em sua crueza. Quando a vemos desapaixonadamente, percebemos que possui algo de energizante. Embora não fiquemos à vontade, quando sentimos raiva podemos também sentir-nos poderosos. É aí que está o apelo da raiva, principalmente quando na depressão nos sentimos impotentes e insignificantes. A raiva pode sobrepujar os sentimentos de medo e tristeza, pode gerar calor onde aparentemente não há vida.

Então há dois problemas com a raiva: podemos sentir-nos pouco à vontade e tentar fugir dela; no entanto, podemos sentir-nos também atraídos por ela e tentar manter aceso o seu fogo.

Ceder à raiva traz muito poucos benefícios. Ela influi sobre nossos pensamentos e sentimentos e perpetua reações que nos causam dor. A raiva pode também levar-nos a atacar e prejudicar os outros.

Entretanto, veremos que, se tentarmos erradicar a raiva, só geramos mais raiva ainda. Assim, ela naturalmente se acumula, ao invés de dissipar-se.

Porém, temos outra opção. Podemos abordar a raiva com atenção e carinho, como faríamos com a raiva que sente uma criança pequena, para fazê-la acabar e ver o que está por trás dela. Em vez de tentar matar a raiva, podemos abordá-la com amor e sem violência.

Podemos começar pela conscientização de sua presença e de como ela afeta nossos atos e pensamentos. Quando a encaramos direta e calmamente, minamos suas bases. Assim, não dura muito e acaba desaparecendo sem prender-nos a ela. Deixamos que ela venha e se vá, sem agarrá-la, sem dar-lhe voltas nem colocar mais lenha em sua fogueira.

A coisa fica difícil para nós quando nos apegamos à raiva. Shunryu Suzuki Roshi disse certa feita, a propósito da meditação: "Pode deixar que os pensamentos lhe visitem a mente — só não os convide a ficar para o chá." Podemos fazer o mesmo com a raiva. Podemos deixá-la vir e ir embora, sem criar um ambiente propício à sua permanência. Podemos usar de compaixão para com o medo subjacente que sentimos. Podemos também pegar a energia da raiva — da qual provavelmente precisamos muito na depressão — e canalizá-la para atos positivos que nos levem à cura.

Como uma varinha rabdomântica, a raiva pode levar-nos até nossos medos, mas também a situações que exigem a nossa ação. Nem sempre ela é infundada. Ela não precisa ser evitada nem afastada nem rotulada de inútil. Em vez disso, ela pode propiciar a energia, a resolução e o esclarecimento que necessitamos para reagir adequadamente a qualquer situação que surja.

Exploração adicional

Sente-se em silêncio, concentrando-se na respiração.

Comece por observar seus pensamentos. Se a raiva estiver presente neles, admita-a e simplesmente continue concentrado no que está pensando, sem interferir em nada.

O que acontece com seus pensamentos quando a raiva está presente? Eles surgem mais rápido? Sua mente lhe parece mais agitada?

Quais as sensações que verifica no corpo quando a raiva está presente? A respiração se acelera ou se torna mais superficial? Sente frio ou calor em alguma parte do corpo? O coração dispara ou bate descompassado? Você contrai alguma parte do corpo?

Como se sente em relação a essa raiva? Quais os pensamentos e sensações que a acompanham? Você fica pouco à vontade? Sente-se energizado? Sente algum impulso de mergulhar na raiva e alimentá-la? Ou quer livrar-se dela? Apenas observe suas reações, sem agir conforme o que lhe ditam.

O que acontece com a raiva quando você somente a observa? Ela permanece? Cresce? Ou se desvanece?

Concentre-se novamente na respiração. Enquanto a observa, o que ocorre com a raiva? O que ocorre com as sensações corporais? Continue este exercício pelo tempo em que se sentir bem realizando-o.

Faça uma pausa no momento em que estiver sentindo a raiva e concentre-se na respiração por um instante. Observe especialmente os seus pensamentos. Quais deles deram ensejo à raiva?

Você consegue ver ou interpretar a situação de um modo diferente? Isso provoca alguma alteração na raiva?

Você tem vontade de continuar sentindo essa raiva? Como se sente se mudar a intensidade de sua reação? Você consegue esforçar-se para reagir de outra maneira que não por meio da raiva?

O tempo

> Como os indícios de que o tempo vem e se vai são evidentes, as pessoas não duvidam dele. Embora não duvidem, não o compreendem. Veja tudo neste mundo como um momento. As coisas não criam obstáculos umas às outras, da mesma forma que um momento não dificulta o outro.
>
> DOGEN, *UJI*

Em meio à depressão, o tempo nos parece diferente. O movimento, a fala e o pensamento — todos se tornam mais lentos. (Na verdade, esse "amortecimento psicomotor" é um dos critérios psicológicos formais para o diagnóstico da depressão.) É difícil realizar qualquer tarefa devido à lentidão e ao peso que nos enchem o corpo. Esse pode tornar-se um grande problema quando estamos dirigindo, tomando conta de uma criança ou precisamos correr para não nos atrasarmos para um encontro.

Na depressão fica claro que o mundo "normal" se baseia na velocidade e na agressividade. Além disso, vemos também que essa é apenas uma dentre muitas possíveis visões do tempo.

No trabalho com homens e mulheres que sofrem com distúrbios mentais, vi muitas pessoas sofrerem episódios de mania. Num episódio de mania, as pessoas ficam cheias de energia e, às vezes, chegam à euforia. Elas falam rapidamente, têm grandes sonhos, dormem pouco e têm muita energia física. Podem mostrar-se muito simpáticas. (Alguns políticos e empresários bem-sucedidos sofrem desse distúrbio.) A dificuldade em ajudá-las está no fato de que elas não acham que têm um problema. Muitas vezes, as pessoas com quem convivem também não. Uma cliente minha costumava dizer: "Se eu pudesse engarrafar e vender a energia da mania, ficaria milionária."

A nossa própria cultura é maníaca e mimetiza todas as características de uma pessoa maníaca. Com efeito, essas características são amplamente admiradas e desejadas. ("Quem *me* dera ter a sua energia, o seu entusiasmo, o seu ímpeto.") Nossa cultura mede o tempo em nanossegundos, a distância entre dois lugares não significa nada e a realização é o que mais importa. Não é de admirar, portanto, que na depressão nos sintamos envergonhados e inúteis, acreditando que precisamos fazer alguma coisa imediatamente para remediar nossa gritante falta de sintonia.

Contudo, a lentidão da depressão nos dá a oportunidade de explorar o mundo. Ela pode ser como um retiro para a meditação, no qual temos tempo de simplesmente existir, sem pensar no tempo.

Na depressão, descobrimos que a velocidade do tempo não é constante, como nos acostumamos a pensar. Geralmente ele transcorre devagar por causa das desagradáveis sensações que experimentamos. Quando sentimos dor, tédio ou tristeza, tentamos nos debruçar sobre o futuro, na esperança de que as coisas passem depressa até a chegada de um momento mais feliz. (Essa é a reação básica do ser humano ao sofrimento ou desconforto.) Penso no meu filho de 6 anos, que mal consegue esperar até que chegue o dia do seu aniversário. Ele começou a riscar dias no calendário antes que esse dia chegasse, como se assim pudesse fazer o tempo correr mais depressa. Nós fazemos quase a mesma coisa, só que de uma forma menos evidente.

Quando nos voltamos para o futuro, na verdade aumentamos a dor e o desconforto que sentimos no presente. Isso acrescenta ao sofrimento uma camada extra. E só pode ser assim mesmo, pois não conseguimos livrar-nos da dor emocional que estamos sentindo no momento. Porém acabamos aumentando a dor quando desejamos que as coisas sejam diferentes. Dogen disse: "Apesar do nosso amor, as flores morrem; apesar do nosso ódio, as ervas daninhas vicejam."

De tudo que vivenciamos, que mais nos foge ao controle do que o tempo? Independentemente de estar passando rápido ou devagar, não podemos forçá-lo a ser diferente do que é agora. Não podemos livrar-nos dele nem fazê-lo voltar. Podemos ficar certos de uma coisa: o tempo, como também a situação em que estamos, vai mudar. Na verdade, essa é a *única* coisa de que podemos ter certeza. A dor que estamos sentindo agora se transformará no momento seguinte — talvez numa nova dor; talvez em alegria.

O tempo é como as ondas de um lago. Elas surgem ininterruptamente. Cada uma é diferente, e a forma que têm aqui pode mudar completamente três metros adiante deste ponto da margem. Seu surgimento a todo instante depende de inúmeros fatores. Às vezes elas vêm lentamente; às vezes, rápido. Podem ser imensas ou meras ondulações. Mas o meu desejo de que sejam de uma determinada forma se perde em meio ao barulho que provocam ao quebrar-se. O mesmo ocorre com os momentos que vivemos.

Essa observação é conhecida de todos os que já fizeram um longo retiro para meditação e voltaram ao mundo frenético da cidade. Salta aos olhos que o ritmo do tempo não é absoluto e que a velocidade em que transcorre a maioria de nossas horas de vigília é fabricada. Não precisamos correr nesse ritmo o tempo todo.

A depressão obriga-nos a agir com lentidão, e isso tem seu valor. Podemos abrir-nos para os momentos que se vão desdobrando diante de nós. Se estivermos atentos, veremos que há tempo para fazer tudo o que cada momento exige de nós.

A arte marcial do *aikido* tem uma prática chamada *randori*, na qual uma pessoa defende-se de uma só vez de vários atacantes. Mas os alunos logo percebem que não há propriamente uma defesa contra vários atacantes simultâneos, que a única maneira de realizar o exercício é lidando com um atacante de cada vez. Quando nos antecipamos, mesmo que por um segundo, em preocupar-nos com o que virá em seguida, nos perdemos, ficamos longe do momento. Da mesma forma, precisamos lidar com cada instante à medida que ele se apresenta, como se fosse uma pérola de um grande colar. Então conseguiremos encontrar a beleza que existe em cada momento.

Exploração adicional

Guarde por alguns dias o relógio de pulso e outros relógios que possuir. Preste atenção ao fluxo do tempo dentro de você. Quando é que ele corre rápido? Quando é que ele corre devagar? O que você pensa e sente nessas ocasiões? Quando não está prestando muita atenção ao "tempo real" exterior, você tem consciência da velocidade do tempo? Se você prestar atenção à velocidade em que o tempo real está passando, como a compara à sua própria experiência do tempo? Quais são seus ritmos naturais?

Hoje, dirija seu carro a uma velocidade cinco quilômetros inferior que a de hábito. Qual a sensação de não ter de acelerar o momento atual? Qual a reação dos outros? O que sente em relação a essa diferença?

Um prado mais amplo

O modo de controlar sua ovelha ou sua vaca é dar-lhe um prado grande e espaçoso.

SHUNRYU SUZUKI ROSHI

Na depressão, muitas vezes a vida parece-nos fora de controle. Sentimo-nos desamparados, como se não pudéssemos fazer quase nada para melhorar as coisas. Mas, ao mesmo tempo, quase todos nós acreditamos que podemos mudar o que está acontecendo conosco.

À medida que caímos mais na depressão, tentamos cada vez mais superá-la. Não conseguindo mudar muito as coisas, sentimos cada vez mais que há algo de errado conosco. Achamos que *deveríamos* ser capazes de superar a depressão – se não pela força de vontade, pela afirmação ou pelo pensamento positivo, ao menos com o auxílio alheio.

Porém, apesar de todos os nossos esforços, às vezes a depressão simplesmente não melhora, ou melhora apenas um pouco. E, quando não vemos toda a melhora que esperávamos, sentimo-nos ainda mais desamparados e inúteis.

A depressão nos põe cara a cara com o fato de que há muitas coisas que não podemos controlar, por mais que nos esforcemos. Certamente há muitas coisas além de nós, coisas que estão fora de nosso controle, mas tampouco podemos controlar muita coisa de nós mesmos. Não podemos deliberar-nos a crescer mais trinta centímetros, a jamais adoecer ou a parar de perder cabelo. E vamos todos morrer, por mais saudável que seja a nossa dieta e por mais exercício que façamos.

Vivemos numa época em que o controle é mais valorizado que qualquer outra coisa. Nossos heróis são pessoas que têm sucesso, riqueza e poder – todas essas coisas são formas de controle. Mesmo o pensamento New Age, que supostamente se baseia na sabedoria antiga, está em boa parte relacionado ao poder e ao controle. O axioma "fazemos nossa própria realidade", tanto quanto a crença de que podemos ter tudo que quisermos se conseguirmos imaginar e prever, provêm do mesmo desejo original de controle.

As grandes tradições espirituais falam, em vez disso, na sabedoria de perceber qual o nosso verdadeiro lugar no mundo. O aprofundamento da espiritualidade não decorre de um controle cada vez maior, mas de uma aceitação cada vez maior de nossa impotência inerente.

Podemos iniciar a cura da depressão aceitando que o fato de sucumbirmos a ela – como também o fato de superá-la – pode em grande parte estar fora de nosso controle. Fazendo isso, tiramos uma corda do pescoço e podemos parar de culpar-nos.

Então podemos ver que, sendo mais realistas quanto ao nosso poder e ao nosso lugar no mundo, e reconhecendo quão reduzido é o nosso controle sobre ele, estamos na verdade tornando-nos mais sábios. Podemos até descobrir que há períodos cheios de alegria e de sentido quando relaxamos, abrimos mão do controle e simplesmente nos abrimos para o momento. Nesses períodos podemos aceitar tudo o que recebemos como uma dádiva.

Em sua essência, nosso desejo de controlar nosso mundo deriva do apego ao prazer e da evitação da dor. Ele é outra forma de *duhkha* ou sofrimento, de complicar e aumentar a experiência essencial. O controle geralmente implica resistir à forma como são as coisas ou acreditar que elas deveriam ser diferentes. Então resolvemos que somos nós que vamos mudá-las.

À medida que o nosso desejo de que as coisas sejam de uma certa forma diminui e abrimos mão da crença de que a vida deveria seguir um certo rumo, conseguimos abrir mão também o desejo de controle.

Então podemos tornar-nos participantes da nossa vida, em vez de seus frustrados diretores.

Quando paramos de querer controlar tanto as coisas que não podemos, também poupamos muito esforço e energia, duas coisas difíceis de controlar para a manutenção da sanidade e do equilíbrio na depressão. Em vez de tentar influir nas coisas sobre as quais temos pouco controle, podemos concentrar-nos naquelas que realmente *farão* diferença, para nós e para os outros.

Ao tentar controlar tudo, tornamos nosso mundo menor. Ao contrário, podemos abrir-nos para um mundo mais amplo, pelo qual não somos responsáveis. Nele somos parte de algo muito maior – algo realmente maravilhoso.

Um fim para o sofrimento

> Qual é a Nobre Verdade da extinção do sofrimento?
> É o completo apagar e extinguir dessa ânsia, sua renúncia
> e abandono, libertação e distanciamento dela.
>
> BUDA

Quando estamos deprimidos, temos a impressão de que sempre estivemos e sempre estaremos assim. Achamos que nossas dores e sofrimentos não terão fim. Nem mesmo o fato de identificarmos as nossas formas de fugir do sofrimento e perseguir o prazer para encobrir a dor nos parece fazer muita diferença. Mas a possibilidade de que esse sofrimento chegue ao fim é real. O peso que sentimos na depressão pode tornar-se mais leve. O calor opressivo pode dar lugar a uma brisa fresca, da mesma forma que um dia quente de verão dá lugar à noite. Esse calor pode ser aliviado com o alento da compreensão.

A terceira verdade fundamental que Buda ensinou é que é possível dar um fim ao sofrimento. Compreendendo os meios pelos quais ele surge, podemos parar de gerar mais sofrimento.

O fim de nosso sofrimento vem com a interrupção de nossa ganância, voracidade e apego – de uma forma muito semelhante a um dependente que pára de usar uma droga. Cessamos esse apego não com algum mágico elixir espiritual, mas vendo com nossos próprios olhos como essa sede surge.

A forma de dar um fim ao nosso sofrimento está em afrouxar o nó com que nos amarramos à vida, em parar de procurar o prazer com tanta sofreguidão. Deixamos de buscar experiências mais novas, maiores e mais intensas para deixar que a vida seja o que é – e, ao fazê-lo, conseguimos, finalmente, *vivê-la* como ela é. Quando afrouxamos esse nó, conseguimos começar a ver o fim do nosso sofrimento.

Dar esse novo passo pode trazer consigo muito medo, pois ele é contrário a tudo o que fazemos normalmente. Queremos reafirmar nosso controle e apertar ainda mais o nó. Porém, se quisermos dar fim ao sofrimento, temos de deixar que a dor entre em nossa vida. Por mais estranho que pareça, quando fazemos isso, começamos a reduzir o sofrimento que criamos como resposta à dor.

Essa solução não é complicada, embora de modo algum seja fácil. Mas quando sabemos que a possibilidade de pôr fim ao nosso sofrimento de fato existe, quando sentimos seu alento fresco, colocamo-nos no caminho que leva a um novo modo de ser e viver. Para a maioria das pessoas, esse é um processo lento, mas pode ajudar a curar a depressão. Podemos sair do medo e do sofrimento que pesam sobre nós. Esse processo oferece-nos também a possibilidade de viver uma vida cheia de alegria e satisfação, independentemente de estarmos deprimidos ou não – uma vida na qual a situação em que estamos não é o que importa.

Já não precisamos sentir que não somos ou não temos o bastante. Talvez pela primeira vez na vida sentimos ter tudo de que precisamos.

Meu mestre zen dizia que esse processo não tem nada de extraordinário: é como encontrar um quarto confortável para passar a noite ao fim de uma longa viagem. Esse lugar está à nossa espera. Sempre esteve. Tudo o que precisamos fazer é parar de buscar e de nos desesperar pelas respostas.

Exploração adicional

Analise o que você pensa a respeito do sofrimento. Você acha que ele é inevitável? Ou que ele contribui para fortalecer o caráter? Você acha que ele está relacionado à luta? Não haveria vida sem sofrimento?

Você vê alguma diferença entre a dor e o sofrimento? É possível sentir dor sem sofrer? É capaz de imaginar uma vida sem sofrimento?

A verdade da alegria

> Vivamos da forma mais feliz, sem nada possuir;
> alimentemo-nos da alegria como deuses radiantes.
>
> BUDA, *DHAMMAPADA*

Quando eu era mais jovem, criei uma filosofia acreditando que me defenderia da dor. Ela é uma variante daquilo que muitos de nós tentamos fazer. Chamei-a de Abordagem da Vida Voltada para o Exterior. Como as pessoas em exercícios solo de sobrevivência, munidas apenas de uma linha de pescar, um alfinete e um palito de fósforo, resolvi ir seguindo pela vida sozinho. Não dependeria de nada nem de ninguém, a não ser de mim mesmo.

Embora a auto-suficiência seja muito louvável, hoje tenho a impressão de que não deixei lugar para a alegria em minha vida. Meu objetivo era apenas evitar sofrer. Mas viver é mais do que sobreviver e evitar a dor.

Nas trevas e no desespero da depressão, quantas vezes já nos conformaríamos só em ver o fim da intensa dor que sentimos? Ocasionalmente há períodos em que não sentimos nada – nem alegria nem tristeza. Sem dúvida, esses são períodos melhores do que aqueles em que nos deixamos arrastar por intensa tristeza, dúvida e medo. Mas há pouca – ou nenhuma – alegria em nossa vida.

Algumas das pessoas que não conhecem o budismo o vêem como um caminho espiritual árido e soturno, que conduz a uma espécie de terreno neutro: o fim do sofrimento. Os ensinamentos de Buda surgiram em meio ao hinduísmo, que via a vida como um grande sofrimento e pouca coisa além, e, em comparação, pode ter parecido que aquilo que o budismo tinha a oferecer era, ao menos, melhor que uma vida de sofrimento.

No entanto, o caminho que Buda ofereceu está longe de ser um exercício intelectual árido e desprovido de alegria para abandonar a dor: ele implica recorrer à alegria e assumi-la. Se, por um lado, as práticas budistas orientam-nos para a cessação de *duhkha*, ou sofrimento, por outro também nos orientam para *sukha*, ou alegria. Em vez de um árido deserto, encontraremos uma floresta animada de vida, repleta de plantas, animais, rios sussurrantes e frescos riachos.

É difícil acreditar nisso quando se está imerso na dor da depressão. Entretanto, mais vale lembrar que o objetivo é deixar para trás a dor e a morte e voltar-se para a alegria e a vida. Nós também podemos encontrar uma vida em que não haja só sobrevivência.

Quando a minha depressão atingiu sua pior fase e eu percebi que precisava de algum tipo de ajuda, finalmente resolvi visitar o médico da família. Eu o conhecia havia doze anos, tempo em que ele tratou das enfermidades normais que tive. Fiz-lhe essa visita logo depois do ano-novo e contei-lhe que estava irritadiço, abatido e cansado, sentindo-me desanimado e inútil.

Ele olhou-me e disse: “Você deve ter sido uma grande companhia de fim de ano.” Eu ri pela primeira vez em meses. Vi por um breve instante a possibilidade de aceitar minha depressão e até abandoná-la. Mesmo imerso na dor que sentia, consegui rir.

Em vez de seguir pela vida com apenas uma linha de pescar, um alfinete e fósforos, podemos contar com muitas ferramentas e muita ajuda. Temos pessoas a quem amar e que nos amam. Podemos usar todo o equipamento de que dispomos. E o mais importante é que podemos encontrar alegria e sentido na vida – eles sempre estiveram aí para que os descobríssemos.

Exploração adicional

Um verso para lembrar:

Quando o sofrimento me subjugar,
respirarei fundo
e farei uma abertura neste momento
para a alegria que vem logo depois dele.

A liberdade

Todas as coisas por fim se libertam.
Não há lugar algum onde permaneçam.

SUTRA DA GRANDE MONTANHA DE TESOUROS

Se conseguir observar quem é e
agir conforme o que observou, verá que é possível ir
longe, longe a perder de vista.

JIDDHU KRISHNAMURTI

A depressão pode ser uma prisão. Quando o mundo que vemos se torna pequeno, quando tudo nos parece sombrio, quando nos sentimos isolados, a depressão parece a prisão numa solitária. Não importa o que façamos, sentimo-nos cada vez mais encarcerados e oprimidos.

Geralmente pensamos na liberdade como o oposto da prisão e, nesse contexto, sempre a vemos como libertação *de* alguma coisa – opressão, sofrimento, medo. Acreditamos também que nossa prisão nos é imposta do exterior.

No entanto, essa prisão – tanto na depressão quanto no dia-a-dia – vem de dentro de nós. É algo que criamos, mais que algo que nos é imposto.

Já que, em última análise, tanto o isolamento quanto o confinamento que vivenciamos provêm de nós mesmos, somos nós quem tem o poder de libertar-nos. Podemos encontrar, mesmo na depressão, uma nova alegria e uma nova liberdade.

Essa liberdade não decorre de não possuirmos limites. Ao contrário, ela é resultante do fato de *vermos* claramente nossos limites e nosso lugar no mundo. A partir daí, podemos passar a uma maior interdependência e a uma maior responsabilidade em relação a todos os seres. Dentro dessa interdependência, não somos confinados pelos limites de nosso pequeno eu. Nela começamos a encontrar — e a viver em — um mundo maior além de nós. E podemos começar a abrir mão de nossa necessidade de que o mundo seja de uma certa maneira.

Quando nos livramos de nosso costumeiro apego ao prazer e de nossa fuga da dor, tornamo-nos capazes de encontrar a alegria a que temos direito, quaisquer que sejam as nossas circunstâncias.

Ao deixar para trás o nosso apego, começamos a abandonar também a dor da depressão. Mesmo que continuemos deprimidos, a depressão já não nos escraviza ao sofrimento e ao medo.

Sem que percebêssemos, éramos nossos próprios carcereiros. Vivemos uma vida restrita, estreita, que nos faz sentir seguros e acreditar que podemos fazer as circunstâncias obedecerem aos nossos desejos.

Podemos desistir dessa tentativa de forçar as coisas a serem como nós achamos que devem ser. Podemos parar de esconder-nos nessa cela que nos dá segurança — e, ao fazê-lo, podemos deixar para trás a nossa prisão. Como um prisioneiro que sai para a luz e o ar fresco, podemos encontrar um mundo maior e mais amplo. Esse mundo não se deixa limitar pelos confins de nosso sofrimento nem sequer por nossas noções de liberdade.

Ver sem culpa

Guarde para si mesmo todas as culpas.

PROVÉRBIO TIBETANO USADO NA PRÁTICA

Quando a vida nos faz sofrer ou parece não dar certo, quase automaticamente procuramos algo em que colocar a culpa. Isso não é o mesmo que analisar a situação e permanecer aberto e curioso.

Principalmente quando estamos com medo ou sofremos, queimamos a etapa de análise da situação e começamos a buscar freneticamente algo ou alguém a quem culpar. Geralmente buscamos primeiro uma fonte exterior, já que não queremos aceitar a responsabilidade. Responsabilizamos o parceiro, os filhos ou os amigos pela dor que sentimos. Logo ficamos amargos e com raiva do mundo inteiro.

A mesma facilidade encontramos em culpar-nos, pois um sintoma comum da depressão é a sensação de ter um defeito de base. Achamos que temos a culpa por todo o nosso sofrimento. Podemos até achar que somos responsáveis pelos problemas e pelo sofrimento de outras pessoas. Em seu mais alto grau, a depressão pode levar-nos a achar que somos responsáveis por tudo que há de errado no mundo. Assim, ela confirma todos os piores medos que temos a nosso respeito.

Seja como for, a busca de algo ou de alguém em quem jogar a culpa decorre da crença de que, se estamos sofrendo, é porque alguma coisa está errada. Assim, achamos que precisamos encontrar um modo de evitar a dor e a situação em que estamos.

Ambas as atitudes afastam a dor e distraem-nos a atenção do que realmente está ocorrendo. Pois, independentemente de culparmos os outros ou a nós mesmos, a culpa é uma barreira à verdadeira compreensão de nossa vida. Sem essa compreensão, não podemos ter com ela uma real intimidade.

Existe uma história sobre um jovem monge zen que estava trabalhando na cozinha de um mosteiro. Ao escolher os legumes para a ceia, pegou sem querer uma cobra, cortou-a em pedacinhos e colocou-a na panela, sem dar-se conta do que havia feito. Ao servir a refeição, o maior pedaço da cobra acabou indo parar no prato do mestre do templo. Zangado por achar um pedaço de carne em seu prato, o mestre berrou: "O que é isto?" O jovem deu uma olhada, comeu a carne e respondeu: "Muito obrigado."

O ato do jovem monge da história costuma ser designado por "engolir a culpa". Engolir a culpa significa que devemos assimilar – e não assumir – a culpa. Essa história nos ensina que, como o jovem monge, podemos colocar-nos acima da culpa, deixando de lado o desejo de culpar os outros ou de jogar sobre nossos ombros toda a culpa.

Quando nos sentimos encurralados contra o muro, a culpa é um dos métodos que usamos para fugir. Entretanto, apesar de uma das características mais comuns da depressão ser a sensação de encurralamento, a culpa não nos ajudará. Buscar às cegas algo ou alguém a quem culpar só serve para deixar-nos ainda mais indignos, insatisfeitos e irados.

Ao contrário, podemos engolir a culpa colocando-a de lado e analisando *o que*, e não *por que*, ela existe. Podemos parar de tentar entender tudo e de fugir de nossos sentimentos e da dor. Em vez disso, podemos voltar ao ato doloroso e angustiante de simplesmente existir junto com o que nos acontece. E, ao fazê-lo, descobrimos mais uma vez que nada é tão terrível quanto parece quando o aceitamos e não tentamos fugir.

Quando analisamos nossas dificuldades, geralmente queremos entender o porquê das coisas e esperamos que a resposta nos diga o que precisamos fazer. Em vez disso, podemos fazer uma análise calma e profunda sem buscar o entendimento. Podemos analisar por curiosidade, só para saber como as coisas funcionam. Ao fazê-lo, podemos descobrir que não há nada que precise ser feito e que só o fato de ver as coisas como são já basta. Ou podemos descobrir que uma resposta se apresenta só pelo fato de estarmos analisando o processo.

Essa prática é tão fundamental ao budismo que o primeiro tipo de meditação praticado por muitos de seus adeptos é chamado *vipassana*, ou meditação da iluminação. Essa meditação constitui uma forma de ver a nós mesmos e a este momento de modo muito profundo. A iluminação que ela proporciona pode ajudar-nos a passar do sofrimento à alegria.

Foi isso que ocorreu com Buda na noite de sua iluminação. Ele viu de modo muito profundo o mecanismo da mente e do corpo, vislumbrou sua própria natureza.

Se você já fez algum esforço no sentido de olhar para dentro de si próprio, de sua depressão e de seu sofrimento, então também já aprendeu muitas verdades sobre você mesmo e suas reações. Você é capaz de investigar a situação em que se encontra. Você pode continuar a enfrentar sem medo o fato de estar deprimido e sofrendo. Talvez, sem perceber, você tenha mudado ao olhar dentro de si. Você fez a depressão mudar ao vê-la com clareza.

Quando conseguimos ver a situação sem buscar explicações, podemos chegar a um maior entendimento, a um entendimento que ultrapassa nosso modo habitual de pensar. Com esse entendimento, as soluções talvez se revelem. Aprendemos a ver o que realmente produz efeito, o que funciona, e o que pode estar piorando as coisas. Podemos então começar a agir e começar (ou continuar) a curar-nos.

Exploração adicional

Quando algo dá errado na sua vida, a quem você responsabiliza? Você imediatamente assume a culpa? Ou primeiro culpa outra pessoa? Neste caso, onde recai sua preferência?

Esteja atento ao surgimento do impulso de culpar. Você é capaz de simplesmente observá-lo, deixando de lado a necessidade de agir conforme ele dita? Como se sente ao fazer isso?

Detenha-se na situação e nos sentimentos incômodos que ela desperta. Você gostaria de encontrar algum modo de apagar tais sentimentos?

Você consegue analisar a situação sem culpar nada nem tentar achar uma solução? Isso é difícil? Sente-se aliviado por não ter de encontrar um responsável?

Esperar e simplesmente observar a situação a altera em algo? É preciso fazer alguma coisa? Em caso afirmativo, sua reação é diferente da que teria se buscasse um culpado?

Quem você culpa pela sua depressão? Você mesmo? A família ou os amigos? Seu trabalho? Sua vida? Deus?

Encontrar um culpado ajuda-o a aliviar a depressão? Ou impede-o de agir de uma forma que poderia ser útil? Procurar culpados aumenta sua raiva e a sensação de ter pouco valor?

Você aceita o fato de não saber de onde vem sua depressão? Isso o deixa pouco à vontade? Ou é um alívio?

Um verso para usar com a culpa:

Quando tudo der errado e eu procurar um culpado
engolirei da culpa o escorregadio bocado
e dela enxergarei através
para ver o que realmente é.

Abrindo o coração

> A pessoa que sente uma dor está ouvindo falar uma parte de si mesma que só sabe se comunicar dessa maneira.
>
> MALIDOMA PATRICE SOMÉ

A depressão é, em muitos sentidos, como despedaçar o coração. De fato, quando você desacelera e começa a prestar mais atenção à depressão, descobre que muitas vezes os sintomas físicos se concentram no peito. A ansiedade é o coração disparado. A desesperança é o coração cansado. A tristeza e o pesar são o coração aflito.

Em alguns sistemas de cura, a doença é considerada antes de tudo uma questão de desequilíbrio. Os sintomas apontam para os sistemas que perderam o equilíbrio. Na depressão freqüentemente o desequilíbrio está entre o coração e a mente.

Hoje em dia muita gente considera a mente e o raciocínio úteis e valiosos, ao passo que o coração e as emoções são considerados obstáculos. Não sabemos muito bem como sofrer e lamentar-nos, mas sem dúvida sabemos pensar. Esse era meu caso antes da minha depressão.

Numa depressão, essa mente de que tanto dependemos nos falha. É difícil tomar decisões simples, lembrar pequenas coisas. Sentimo-nos lentos e estúpidos. A depressão de fato amplia diversos aspectos da personalidade e do processo de raciocínio. A mente preocupa-se com julgamentos e comparações.

Podemos começar a ver que essa não é simplesmente a mente da depressão — ela é, em boa parte, a nossa mente de sempre, com sua forma de pensar cotidiana. Na verdade, a depressão permite-nos ver isso ainda mais nitidamente.

A meditação nos ajuda nesse caso, já que pode promover um real distanciamento desses pensamentos e estados de espírito. Então podemos começar a separar-nos de nossa dor. Podemos começar a deixar para trás o que os mestres zen chamam de mente pequena. Começamos a impressionar-nos menos com nossos próprios pensamentos.

À medida que o poder dessa mente pequena diminui, os sentimentos e emoções do coração aumentam. Para aquele que vem ignorando o coração, seu apelo é persistente e desconhecido. O passado, os momentos fugazes que deixamos para trás, provoca tristeza e pesar. Sentimos todos os erros que cometemos, todas as mágoas que causamos. A depressão pode ser uma porta que se abre pela primeira vez à exploração desse pesar, permitindo-nos enfrentá-lo e honrá-lo, ao invés de fugir dele.

No caminho espiritual é comum acreditarmos que deveríamos sentir emoções incômodas com menos freqüência e que não deveríamos apegar-nos a elas. Ao agir conforme essas convicções, podemos estar afugentando esses sentimentos ou fugindo deles.

Mas nossa esperança é agir com amabilidade e compaixão para com todos os sentimentos. Precisamos agir assim não apenas conosco, mas também com todas as nossas emoções mais desconfortáveis.

Uma coisa é perder-se nas próprias emoções até tornar-se a própria raiva ou tristeza. Outra coisa bem diferente é reconhecer, aceitar e escutar as próprias emoções. Na tristeza às vezes avassaladora da depressão, está a oportunidade de enfrentar os sentimentos difíceis com ternura e compaixão, em vez de dar-lhes as costas.

Outra nova oportunidade pode ser a experiência da empatia. Nas profundezas da depressão, uma mulher que conheço descobriu que não podia assistir à televisão porque chorava ao ver quase qualquer coisa, até mesmo comerciais de telefonemas por discagem direta à distância, daqueles em que familiares se telefonam para reafirmar seu amor. Quando eu estava deprimido, via-me lutando contra as lágrimas na mercearia só por ter visto uma pessoa idosa esforçando-se para carregar suas compras. Ao abrir-nos para o mundo maior, podemos sentir pela primeira vez o pesar desse mundo. Com esse sentimento, podemos encontrar uma compaixão tão natural quanto respirar, uma compaixão que sempre esteve em nós.

Meu mestre dizia que muitas vezes buscamos um conceito grandioso e complexo da compaixão, quando ele é tão simples quanto tirar uma criança da frente de um carro que passa. A compaixão existe dentro de nós antes que qualquer idéia a seu respeito se tenha formado na mente.

Em termos budistas, essa é a verdadeira experiência de *duhkha*, sofrimento, e *annica*, impermanência. A experiência do pesar e da tristeza na depressão pode ser o nosso coração pedindo-nos que escutemos o sofrimento e a impermanência em nossa vida.

Ao aprender a analisar e honrar esses sentimentos de pesar e sofrimento, podemos encontrar a compaixão que ignoramos por tanto tempo. Não se trata apenas de corrigir o desequilíbrio entre a cabeça e o coração. Se cumprirmos esse processo, os sentimentos iniciais de inexperiência, vulnerabilidade e desamparo podem deixar-nos o coração bem aberto. Podemos realmente sentir — talvez pela primeira vez — não só a aflição de nossa mente e nosso corpo, mas também a tristeza de todos os seres deste mundo.

O coração que está aberto vê que não há nada contra que proteger-se, que a segurança é uma ilusão. Nessa visão está a verdadeira coragem. Pois, como podemos confirmar ao enfrentar perigo concreto, o lugar mais seguro é o mais perto possível daquilo que tememos.

Exploração adicional

Sente-se em silêncio, confortavelmente. Depois de alguns minutos concentrando-se na respiração, concentre-se no peito. Se prestar bastante atenção, poderá sentir o coração bater. Talvez perceba como ele se desacelera quando você inspira e como volta a bater mais rápido quando você expira. Observe se ele está pesado, acelerado ou comprimido. Há alguma sensação simultânea – de tristeza, medo ou desamparo? Não afaste o que está sentindo. Receba seus sentimentos com carinho e compaixão, como faria com uma criança que se perdeu. Diga a eles que quer conhecê-los, que ouvirá o que têm a dizer-lhe. Talvez você queira contar-lhes o quanto lamenta o fato de tê-los ignorado.

Procure envolver a si mesmo também em carinho e compaixão. Lembre-se que não há razão para ter vergonha pelas coisas a que não deu ouvidos. E que há muita coragem em optar agora por deixar falar o coração e escutá-lo. Talvez já tenha tido a sensação de que ele estava preso em tiras de aço ou numa caixa de cristal. Sinta esses obstáculos se afrouxarem, se dissolverem. Sinta seu coração se abrir e saiba que ele o fará lentamente, em seu próprio ritmo. Deixe-o crescer, até que seu calor e seu ritmo certo tomem todo o seu corpo. Lembre-se que não há nada contra que endurecer o coração nem defendê-lo.

Podem surgir sentimentos intensos na primeira vez em que praticar esta meditação ou depois de algumas repetições. Deixe que a tristeza, o pesar ou a alegria passem por você e através de você. Dê vazão à vontade de chorar, respirar entrecortadamente ou rir, se for o caso. Honre e aceite seus sentimentos, recebendo-os, mais uma vez, como receberia uma criança ou um viajante que se perdeu. Diga-lhes que são bem-vindos e que têm um lar em seu coração.

Mais uma vez, deixe-se envolver pelo carinho e pela compaixão por ter tido a coragem de escutar seu coração. Sinta-o bater mais uma vez e observe como seu ritmo acompanha o da respiração. Concentre-se no abdômen que sobe e desce, na respiração. Quando estiver pronto, levante os olhos e volte a ficar de pé.

Você é o bastante

Todo mundo tem para dar e vender;
só eu não tenho nada.
Que tolo sou! Que cabeça atrapalhada a minha!
Todo mundo é brilhante; apagado, só eu.

LAO-TZU, *TAO-TE KING**

Todos conhecemos a sensação de insuficiência, de não ser o bastante, de não importar, de não merecer viver sobre a terra.

A depressão costuma gerar ou acentuar essas sensações. Somos tomados pela idéia de que não valemos nada, convencemo-nos de que não representamos nada para ninguém. Essas sensações podem facilitar a tomada do passo seguinte, o suicídio, com o qual deixamos este mundo, ao qual acreditamos não pertencer e que parece não fazer nenhuma questão de nossa presença, de qualquer modo.

Quando nos sentimos assim, é difícil engolir o ensinamento budista de que temos tudo que precisamos e já somos perfeitos como somos. Pensar que já somos Buda, que já estamos iluminados, que já somos o que precisamos ser e estamos onde precisamos estar parece-nos uma piada de mau gosto. Se é assim, por que não nos *sentimos* iluminados? Por que sofremos? Por que precisamos trabalhar se quisermos que essa iluminação se revele?

Entretanto, mesmo em meio a todas essas perguntas e sensações, é possível encontrar dentro de nós a semente do despertar, a semente da natureza de Buda. Ela está em nossa persistência, na busca da verdade, na oferta imediata de auxílio a um amigo. Como a semente que se

* Publicado pela Editora Pensamento, São Paulo, 1987.

planta na terra, esta também está profundamente enterrada em nós, longe da luz, e precisa ser alimentada para crescer e brotar.

A meditação é uma forma de alimentar essa semente. Outras são o riso, o trabalho com os outros e o nosso empenho total em cada momento. Além disso, há a conduta que reconhece nossos vínculos com nossos semelhantes e a natureza sagrada de todos os seres.

Em nossa época e em nossa cultura, não é de admirar que tantos se sintam desprovidos de valor. Muitos de nós fomos criados acreditando que já nascemos em pecado. Na América do Norte, além disso, acreditamos na supremacia do indivíduo, que cada um de nós pode atingir tudo aquilo que quiser – e que, se não o conseguirmos, é porque nos falta alguma coisa. O pensamento New Age, por sua vez, contribui para reforçar ainda mais a idéia de que tudo que nos acontece se deve aos nossos pensamentos, sonhos e crenças. E até mesmo o budismo americano, ao adotar os conceitos de *karma* e reencarnação, destilou-os equivocadamente e transformou-os num budismo puritano, segundo o qual a alegria ou tristeza que sentimos agora decorre supostamente do fato de havermos sido bons ou maus no passado.

A depressão nos dá a oportunidade de ver o quanto essas sensações de não ter valor e de não fazer parte de nada podem estar incutidas nas idéias que temos a respeito de nós mesmos. Entretanto, o simples fato de vê-las objetivamente como são, sem lutar contra elas, questioná-las ou evitá-las, pode contribuir para fazê-las ceder.

Podemos começar simplesmente por permitir que essas sensações e idéias fiquem conosco, ao invés de tentar afugentá-las. Podemos então familiarizar-nos com elas e, assim, deixaremos de vê-las como monstros terríveis; pelo contrário, várias das coisas que nos fazem sentir ínfimos – a raiva, a ganância e o medo – são apenas reações perfeitamente humanas à dor e ao sofrimento.

À medida que começarmos a encontrar nova liberdade na vida e a compreender melhor quem somos e o que nossa vida é, poderemos também deixar para trás o sentimento de falta de valor. Poderemos existir, como disse Allen Ginsberg, "sem credenciais, (...) sem desculpa". Poderemos ver que o nosso lugar é aqui e que, de fato, temos dentro de nós as sementes da bondade e da compaixão, que somos o bastante.

Exploração adicional

Sentado confortavelmente numa cadeira ou almofada, concentre-se na respiração. Ao inspirar, veja como seu corpo se enche e cresce no espaço que ocupa. Deixe que o abdômen se expanda e se contraia enquanto você inspira e expira. Goze do ar fresco que é oferecido a todos os seres da terra. Sinta sua materialidade física enquanto está sentado, ocupando espaço como tudo o mais ao seu redor. Observe como tudo que está à sua volta existe sem desculpa, sem explicar como ou por que está aí.

Quando surgir a sensação de não ser o bastante, receba-a – e quando ela começar a dissipar-se, deixe-a ir-se. Volte à verdade elementar de que neste momento você existe.

Sente-se ereto e altivo, com a consciência de estar vivo, de importar e de poder fazer diferença na vida das pessoas. Sinta o vínculo com todos os demais seres e o seu direito de existir e de dar e receber do mundo exatamente como eles fazem.

Se surgirem sensações de orgulho, deixe que venham e vão. Aceite o fato de que elas também fazem parte de você, mas não são tudo. Com gentileza e aceitação, lembre-se de que elas são apenas parte daquilo que o torna humano.

Após concentrar-se na respiração, passe ao coração. Sinta o peso da tristeza que pode estar nele enquanto bate. Olhe para dentro dele e veja quantas vezes você ouviu que você não é o bastante, que não vale nada, que seu lugar não é aqui.

Enquanto se mantém concentrado na respiração, veja em seu coração quantas vezes você disse a si mesmo que não é o bastante, que todos são melhores, que você não está à altura.

Veja as mágoas que guardou em seu coração. As vezes que lhe disseram que era estúpido, desprezível ou desimportante, e você acreditou. As vezes que o magoaram, rejeitaram ou excluíram. As vezes que não foi escolhido, as vezes em que não conseguiu ser aceito, as vezes que ficou só e não queria estar só.

Enquanto vê todas essas mágoas, sinta ao mesmo tempo o calor de sua própria respiração. A cada vez que inspirar, inspire a amabilidade junto com o ar para dentro do seu coração. Sinta-o encher-se de calor.

Em seguida, pense nas gentilezas que já fez aos outros, dando-lhes de seu tempo e de sua energia – as vezes em que sabia o que era certo e agiu de acordo com essa convicção. Ao lembrar esses momentos, sinta as mágoas e a certeza de não fazer parte de nada irem saindo de dentro de você a cada expiração.

Continue expelindo essas falsas crenças junto com o ar. Substitua-as pela certeza de que esse corpo que você habita, junto com o lugar em que você vive neste mundo, são seus; substitua-as pela certeza de que você faz parte exatamente do local onde se encontra neste momento. Deixe que a certeza de pertencer, de ser bom e de ser o bastante encham-lhe o coração.

Geologia emocional

> Juro que a terra certamente será completa para aquele ou aquela que forem completos,
> A terra só permanece partida e desnivelada para aquele ou aquela que permaneçam partidos e desnivelados.
>
> WALT WHITMAN, *THE SONG OF THE ROLLING EARTH/CANTO DA TERRA QUE GIRA*

Em meio à minha depressão, tentei escrever o que sentia. Escrevi sobre um abismo sombrio e profundo – um precipício que, apesar de aterrorizar-me, me fascinava.

A princípio, tudo era difícil e apavorante. Aquele era o último lugar que eu desejaria explorar e, muito menos, do qual desejaria me acercar. Porém, com aquela imagem, descobri depois de certo tempo que poderia aventurar-me a explorar o que havia ali. Eu já não tinha medo de cair naquele abismo, de descobrir que ele não tinha fundo, só a escuridão infinita. E, assim, descobri que poderia debruçar-me sobre ele e que lá havia muita coisa interessante para ver.

A imagem mudou. Vi plantas, flores e árvores crescendo nas laterais desse abismo. Lá havia também pequenos animais, que viviam da escassa luz que conseguia penetrar. E, em lugar de uma escuridão sem fim, encontrei no fundo uma nascente fresca e borbulhante.

Existe uma espécie de garimpo emocional que pode ser empreendida na depressão. O abismo é só o início, como a entrada para o mundo subterrâneo de que falam os mitos. Nele há muito mais a descobrir que apenas a decadência e a morte. As profundezas da depressão podem ser mais como o mundo subterrâneo que Alice encontrou quando entrou na toca do coelho – estranhamente belo, apesar de aterrorizante.

Eu já não acho que explorar a depressão implique uma incursão pelo mundo subterrâneo. Vejo a depressão mais como possuidora de uma geologia espiritual e emocional. Explorando essa geologia, revelam-se ouro e pedras preciosas.

No nosso garimpo, mesmo esses tesouros são bobagens. Estamos em busca de algo que se encontra muito mais abaixo. Quando nos aprofundamos além da superfície tanto do mundo exterior quanto do interior, através do solo incrivelmente fértil em que o crescimento e a decadência se alternam incessantemente, chegamos à rocha pura, ao que temos de sólido na vida.

Escavando mais ainda, chegamos à água que está sob a rocha. Aqui encontramos as frescas nascentes, os lagos e os rios subterrâneos. São eles que nos dão sustento, proporcionando-nos a tranqüila subcorrente. Aqui está o movimento constante, a natureza fluida e mutável da vida, por baixo da base aparentemente sólida que imaginamos haver.

É aqui, embaixo de tudo, que se processa também a transformação alquímica de plantas e animais mortos e decompostos. Transmutados pelo calor e pela pressão em combustível fóssil, eles se tornam a luz e a energia da vida. Eles nos aquecem, iluminam-nos o caminho e ajudam-nos a prosseguir na nossa jornada.

Finalmente, embaixo de tudo isso está a energia pura. Auto-sustentada, independente da luz solar, do vento e da água, ela é o núcleo líquido. É aí que a paixão e o desejo se transformam, como a rocha se transforma em lava, lava que afinal flui para a superfície, para voltar a tornar-se rocha, criando ilhas, continentes e novas terras. Esse é o núcleo que pode transformar a nossa vida. Aí está também o centro de gravidade, a força que emana do âmago da terra e irmana todas as coisas, assim como a nossa vida está irmanada com a de todos os outros seres.

Exploração adicional

Antes você pode ter imaginado sua depressão como um lugar: ela era um deserto árido, uma densa floresta, um desfiladeiro nebuloso ou talvez o fundo do mar. Agora faça-lhe uma nova visita. Prepare o equipamento e as provisões de que precisa. Depois, faça algumas incursões – a princípio, devagar e por pouco tempo – a esse território.

Agora você pode encarar a depressão de uma outra maneira? Em vez de vê-la como um lugar feio, atemorizante e cheio de maus presságios, consegue vê-la como um lugar a ser explorado, um lugar cheio de possibilidades? Explore-a com curiosidade, disposto a deixar-se surpreender. Há nela alguma beleza ou vida que lhe tenha escapado da primeira vez? Pense como um desbravador; procure não ver com os olhos de seu antigo mundo. Encontrou alguma coisa que lhe provoque interesse ou medo? Surpresa ou choque? Há algo que na volta possa trazer com você e que o ajude no dia-a-dia? É capaz de contar histórias de aventura e fantasia ao voltar?

De uma jornada assim, costuma-se retornar com algo mais que novas experiências. Volta-se muito mudado. Aprendem-se novas lições e descobrem-se uma força e uma sabedoria insuspeitadas. Quando você empreende essa jornada à depressão com a mente e o coração abertos, quais são os dotes interiores com que pode retornar?

Um caminho na depressão

> Mas qual, ó monges, é a nobre verdade do caminho que conduz à extinção do sofrimento? É o nobre Caminho Óctuplo, que conduz à extinção do sofrimento, a saber: visão perfeita, raciocínio perfeito, fala perfeita, ação perfeita, meio de vida perfeito, esforço perfeito, consciência perfeita, concentração perfeita.
>
> BUDA

> O caminho sempre está bem sob os seus pés.
>
> ISSAN DORSEY

Quando estamos deprimidos, sentimo-nos como à deriva no mundo, perdidos em nossa própria vida. Em meio a esse sofrimento, recebemos de braços abertos qualquer sugestão que nos ajude a encontrar o caminho de volta. Se alguém pudesse mostrar-nos um caminho bem definido e convincente, nós o tomaríamos com toda a diligência e cuidado possíveis.

Porém, ao contrário disso, as respostas aparentemente não são fáceis. Como Joãozinho e Maria, descobrimos que as migalhas de pão que havíamos jogado no chão para marcar o caminho foram comidas e ficamos perdidos.

A dificuldade em encontrar um caminho se deve ao fato de a vida humana não ser programável, mesmo que muitas vezes desejemos que seja assim. Não há uma resposta, uma série de passos que se possa seguir para resolver para sempre os nossos problemas.

Mas nós *podemos* encontrar o nosso caminho. Em vez de encontrar uma saída, podemos encontrar o caminho de volta à vida. Podemos descobrir um caminho que é, ele próprio, uma forma de ser em cada momento.

Quando, em meio ao sofrimento da vida, Buda encontrou uma saída para a paz e a alegria, ele não apenas encontrou como também criou um caminho. Esse caminho, ao qual denominou Caminho Óctuplo, está ao alcance de qualquer um de nós. Ele consiste, como se pode imaginar, em oito elementos: a visão correta, o raciocínio correto, a fala correta, a conduta correta, o meio de vida correto, o esforço correto, a consciência correta, a concentração correta.

A palavra *samma*, que qualifica cada parte do caminho, geralmente é traduzida como "correto", mas o significado original em sânscrito é "completo" ou "íntegro". Essas oito práticas podem levar-nos a participar mais plenamente da vida. Cada uma exprime a plenitude, a cura e a harmonia já presentes em nossa vida.

As etapas desse caminho não são seqüenciais. Elas formam um círculo no qual cada etapa conduz, informa e fortalece todas as demais.

O Caminho Óctuplo não conduz a um objetivo: ele é a materialização do objetivo. Ao colocar o pé nesse caminho, damos início à transição para a plenitude da vida.

O Caminho Óctuplo pode ser dividido em três áreas: visões da compreensão, meditação e conduta ética. Sua prática, além de estar ao nosso dispor na depressão, é particularmente apropriada ao tipo de sofrimento que ela nos inflige.

A depressão afeta nossa capacidade de pensar, gerando crenças perigosas e penosas. Analisando essas crenças e determinando se nossa experiência realmente as sustenta, podemos abandonar muitas delas. Quando chegamos a uma compreensão mais plena de nós e de nossa vida, encontramos um antídoto para o nosso sofrimento.

A depressão também afeta a nossa capacidade de agir. Acabamos adotando atitudes que prejudicam não só a nós como a outras pessoas. Além disso, a depressão pode também impedir-nos de tomar *alguma* atitude. Em qualquer dos casos, podemos aprender a agir de modo mais harmonioso e eficaz.

Finalmente, na depressão muitas vezes sentimos que estamos apartados de nossa própria vida. Ela aumenta muitas das barreiras que dificultam a experiência plena. Quando meditamos, estamos nos engajando a algo que é, no fundo, a prática da presença irrestrita na vida, um modo de ganhar mais intimidade com tudo aquilo que encontramos a cada momento.

Seguir o Caminho Óctuplo pode soar a princípio como uma tarefa de proporções gigantescas. Embora de fato exija esforço, a jornada não é tão difícil. Na verdade, não se trata tanto de um caminho quanto de uma orientação.

Quando tomamos esse caminho, optamos pela alegria, pela compaixão e pelo serviço e por abandonar o sofrimento e o isolamento. Esse abandono acontece dentro de nós, de modo que, uma vez dado o início, qualquer orientação que sigamos se torna o nosso caminho.

Esse caminho é um modo de viver. É um modo de agir, um modo de lidar com nós mesmos e com os outros. Quando optamos por segui-lo, tudo o que encontramos pode ensinar-nos alguma coisa.

Não existem desvios que nos façam errar. Qualquer que seja o rumo que tomemos, encontraremos uma chance de praticar e de fazer novas descobertas.

Exploração adicional

Volte ao local que imaginou ser a sua depressão. Se já esteve nele muitas vezes, conhece-o bem. Talvez até se sinta à vontade. Você descobriu que ele já não é um local aterrorizante e que pode conter coisas muito valiosas.

Ao voltar, imagine que nesse local há um caminho a encontrar. Talvez seja uma trilha meio encoberta pela vegetação na floresta escura em que você está, uma estrela que o guie na profunda noite do deserto ou uma corda salva-vidas que possa tirá-lo do fundo do mar.

Observe atentamente esse caminho até que ele se torne nítido para você. Constate que há uma saída desse lugar no qual você antes pensava que ficaria perdido para sempre. Você está pronto para sair? Será que está surpreso ao perceber que fica triste diante da perspectiva de abandoná-lo? Está pronto para dar início à jornada? Sente liberdade ou alívio ao começar a seguir o seu próprio caminho?

O caminho do meio

O caminho do meio abre os olhos, produz conhecimento e conduz à paz, à revelação e à iluminação.

BUDA

Dois monges brigavam por causa de uma questão filosófica quando por eles passou o mestre. Eles interromperam-lhe a jornada e pediram-lhe que resolvesse a desavença entre ambos. O primeiro monge explicou o que pensava, ao que o mestre disse: "Você tem razão." O segundo monge protestou e expôs seus argumentos, que eram diametralmente opostos aos do primeiro monge. O mestre então respondeu ao segundo monge dizendo-lhe: "Você tem razão." Um terceiro monge, que estivera ouvindo a conversa, queixou-se, frustrado: "Mas, Mestre, o senhor diz a eles que os dois têm razão, quando o que disseram é contraditório e de modo algum pode estar certo." O mestre respondeu-lhe: "Você tem razão."

HISTÓRIA ZEN

Na depressão, o mundo parece destituído de suas cores. Só vemos preto e branco.

A depressão aumenta nossa tendência habitual de pensar em termos de extremos, preto ou branco. Não conseguimos captar nuanças. As coisas são ou não são. Apesar de demorarmos para chegar a uma decisão, quando o fazemos é uma decisão em termos de uma coisa ou outra. (Na verdade, parte da dificuldade de tomar decisões deriva do fato de estarmos pensando em termos tão absolutos que mal conseguimos perceber as sutilezas de várias das possibilidades que temos em mente.)

Porém, apesar de cômodos, os extremos absolutos raramente se prestam a descrever as coisas como são. Basta lembrarmos das guerras étnicas, políticas ou religiosas para ver aonde o radicalismo pode nos levar. Embora os extremos possam dar-nos uma cômoda certeza, essa certeza é na verdade uma penosa ilusão.

Buda referiu-se a seus ensinamentos como sendo um caminho intermediário, entre os extremos que ele via no mundo de sua época. Esses extremos eram os de buscar a paz ou nos prazeres sensuais ou na prática do ascetismo. O caminho do meio cruza a linha entre o egoísmo e o desprendimento, entre a visão da existência como realidade e como ilusão.

É difícil seguir o caminho do meio porque ele é extremamente dinâmico, exigindo muitas vezes que levemos em conta ao mesmo tempo duas idéias contraditórias. Ele implica equilibrar-se sobre o fio da navalha e evitar a tentação das respostas fáceis.

Há pouco tempo fui ao funeral de um homem muito bondoso com quem eu havia trabalhado. Durante o sermão, o pastor pediu aos presentes que contassem as lembranças que tinham de Michael. Várias pessoas falaram de sua amabilidade e desprendimento, de seu incentivo, pois estava sempre dizendo: "Você deveria ter o que quer."

Por um instante fez-se silêncio e parecia que não havia mais o que dizer. Então minha amiga Elaine, uma senhora que a todos inspira a vontade de tê-la como avó, levantou-se lentamente. Em meio a toda aquela atmosfera de reverência, sua voz retumbou: "Por outro lado", e começou a contar como Michael a incentivara a comprar um casaco que estava acima de suas posses, dizendo-lhe: "Você deveria ter o que quer." Finalizou dizendo que o estimava muito, mas queria que soubesse que ela ainda estava pagando aquele casaco.

Ao chamar-nos a atenção para o outro lado das coisas, Elaine sabiamente nos recolocou a todos no meio-termo, onde se encontra o caminho da verdade.

Seguir esse caminho é aceitar a tensão entre visões e possibilidades opostas. É saber que ambas podem estar corretas. Praticar o caminho do meio requer que mantenhamos uma margem de folga em todas as nossas crenças e idéias, permanecendo abertos à possibilidade de mudança daquilo em que acreditamos ou do nosso modo de pensar.

Na luta contra a depressão, isso pode implicar a permanência na incerteza. A incerteza entre resolver todos os nossos problemas com remédios e recusar-nos a considerá-los uma opção. A incerteza entre ver a depressão como um mal meramente físico e um problema decorrente de fatores psicológicos e escassez de recursos. A incerteza entre esforçar-nos ao máximo para curar-nos e simplesmente deixar o barco correr, desistindo de buscar uma solução a qualquer custo.

O caminho do meio requer que analisemos todos os nossos atos e opções à luz do pragmatismo. Ele requer também que não percamos de vista a espiritualidade que deve respaldar nossa decisão. Em última análise, devemos evitar tanto o fanatismo quanto a indecisão, distinguindo o que é necessário neste momento.

Exploração adicional

Pense em uma situação que esteja lhe causando dificuldade. Não é preciso ter relação com sua depressão; pode ser um problema no trabalho, no relacionamento ou na família.

Em seguida, deixe que esse problema repouse em sua mente por alguns minutos. Deixe que ele penetre pelas camadas de pensamentos e se assente em seu abdômen pela força de seu próprio peso. Simplesmente observe os pensamentos relativos a soluções que possam surgir.

Imagine o problema como algo redondo, resistente e difícil de abrir. Torne-o o objeto de sua total atenção.

Em seguida, à medida que o examina, deixe-o abrir-se em dois como metades de uma laranja. Simplesmente observe-o. Afaste essas duas metades o mais que puder, enquanto polariza suas duas abordagens da situação. Caso se veja pensando de uma das duas maneiras, leve-a ao extremo mais absurdo que puder e depois analise qual seria o seu oposto.

Continue a refletir dessa forma até afastar essas duas metades o máximo que conseguir. Imagine que você está segurando uma em cada mão, sopesando a verdade e a realidade. Você é capaz de enxergar a verdade de cada uma delas?

Pegue a semente de verdade contida em cada uma e coloque-as à sua frente. Deixe-as aí por alguns instantes.

Você consegue achar uma forma de agir que evite ambos os extremos e, no entanto, contenha a semente de verdade que há em cada um? Mantenha-os bem afastados enquanto vai prosseguindo pelo caminho que serpenteia equilibradamente entre eles.

Observe suas reações e respostas a situações difíceis por alguns dias. Antes de reagir ou agir numa situação, pare e analise como se fosse válido o oposto daquilo que quer fazer. É possível usar esse oposto para moderar sua abordagem habitual? Existe um caminho do meio que você possa usar para abordar o problema?

Não o que pensamos

Não se pode consegui-lo pensando;
Não se pode buscá-lo não pensando.

POEMA ZEN

Quando começamos a trilhar o caminho espiritual, muitas vezes pensamos que percorrê-lo é só uma questão de fazer as coisas certas. Temos a esperança de que, simplesmente seguindo as regras ou um determinado código de conduta, encontraremos a alegria, a iluminação ou a paz.

Isso pode ser especialmente problemático para nós na depressão. Em geral estamos tão desesperados, tão sofridos, que podemos acabar seguindo tudo aquilo que nos ofereça respostas fáceis e resultados predeterminados.

Mas a verdade é que o caminho espiritual nunca é tão simples. Não é o que pensamos. No fundo, ele jamais pode ser simplesmente uma questão de seguir as formas exteriormente corretas. Com efeito, a verdade não será encontrada pensando-se de uma determinada maneira nem agindo de um certo modo. Não se trata de usar um determinado tipo de roupa, de raspar a cabeça ou deixar o cabelo crescer.

Não se trata de jamais ser afligido pelo sofrimento ou pelas decepções da vida. Não se encontra a verdade usando uma máscara de imobilidade eterna. A verdade tampouco está em jamais pensar em si mesmo ou fazer favores incansavelmente. E, do mesmo modo, não está em pensar incessantemente em si mesmo. De fato, ela não está naquilo que se pensa.

Antes disso, a verdade está em receber a tudo e a todos com compaixão e atenção. Ela está na nossa presença na vida com a cabeça e o coração. Em vez de estar em algum conjunto de crenças ou atitudes – em alguma coisa que achamos que conhecemos –, ela está na disposição de *não* saber, na disposição de manter a abertura e a curiosidade com que nascemos.

Exploração adicional

Quais as maneiras pelas quais você já tentou encontrar a verdade, a paz e a felicidade que buscava? A maioria acabou em decepção. Você concluiu que a esperança e a promessa que pensava haver encontrado davam lugar à sensação de haver entrado em mais um beco sem saída.

Mas já houve momentos em que você sentiu que tudo no mundo estava certo, em que você se sentiu verdadeiramente à vontade na sua vida, fazendo parte de tudo que o rodeava. Você sentiu-se em paz, sentiu alegria na vida e gratidão por estar vivo.

Talvez tenha sido um momento em que brincava com seu filho, conversava com um amigo ou simplesmente olhava a Lua cheia. Talvez você não estivesse fazendo nada. Ou talvez estivesse atravessando uma situação difícil, mas para você as coisas estavam exatamente como deveriam estar naquele exato momento.

Pense em um ou dois desses momentos. Veja além dos detalhes do que estava acontecendo; concentre-se no que você acha que estava além. Você é capaz de descobrir o que lhe permitiu entender e sentir essa intimidade consigo mesmo e com sua vida? É aí que você pode começar a encontrar o caminho.

A maior autoridade

> Seja luz para si mesmo.
>
> BUDA

> Entre os dois juízes, confie no principal.
>
> PROVÉRBIO TIBETANO USADO NA PRÁTICA

Quando estamos deprimidos, é incrível a quantidade de pessoas que nos dizem o que fazer. Podemos acabar nos tornando ouvintes ávidos, pois muitos de nós querem exatamente isto: que nos digam o que fazer. Com efeito, quanto estamos perdidos, duvidando de nosso próprio julgamento e sentindo-nos incapazes de tomar qualquer decisão, todos os que tiverem conselhos a oferecer serão bem-vindos. Queremos que alguém nos mostre o caminho.

E aqui está o segredo. Há uma boa e uma má notícia. A má é que ninguém pode saber qual o caminho melhor para você; portanto, ninguém pode dar-lhe a resposta. A boa é que, já que ninguém sabe, as respostas devem ser encontradas em você mesmo.

Ninguém pode viver sua vida por você e ninguém tem de arcar com as conseqüências que advirão. As pessoas podem dar-lhe toda espécie de conselhos e de soluções, mas tudo isso não passa de opinião. Elas podem sugerir que você procure um psicólogo, faça mais exercícios, tome ervas medicinais, mude o regime alimentar, tome remédios ou não tome remédios. Mas, como ninguém conhece inteiramente o seu problema, não se surpreenda se o conselho o deixar ainda mais desnorteado que antes. E não se surpreenda se as vozes mais altas e veementes que lhe disserem o que fazer vierem de dentro de você mesmo.

Para atravessar a depressão e encontrar o caminho para a cura, você precisará ouvir todas essas vozes e, mesmo assim, fazer suas próprias opções.

Seu corpo e sua mente, sua vida, são diferentes dos de qualquer outra pessoa. Como disse um mestre zen, "Não se pode dar por outra pessoa nem sequer um simples pum". Suas circunstâncias exigem atenção e compaixão, que devem vir em primeiro lugar de você.

Quando, depois de bastante luta, concluí que estava atravessando uma depressão, descobri que eu mesmo tinha muitos preconceitos e idéias preconcebidas. Eu trabalhava havia mais de dez anos com pessoas que sofriam de distúrbios mentais, inclusive várias delas com depressão. Eu compreendia e aceitava as opções *delas*, incentivando-as a ver com abertura questões como a terapia e os medicamentos. Infelizmente, não era capaz de ter essa compreensão no meu próprio caso. Achava que certamente a minha depressão provinha de alguma fraqueza de minha parte e que não precisava de nenhum auxílio exterior.

Tive de analisar cuidadosamente esses preconceitos e partir do que se conhece como "mente de iniciante". Até chegar a isso, simplesmente não consegui reagir à depressão nem à minha vida como precisava naquele momento.

Ao tomar o caminho para a cura, lembre-se que ele é unicamente seu. Ninguém mais pode escolhê-lo por você nem segui-lo, só você mesmo.

Muita gente procura um caminho espiritual esperando encontrar alguém ou uma tradição ou escritura sagrada que lhe diga o que fazer e como agir, livrando-as assim da necessidade de assumir qualquer responsabilidade. O que essas pessoas acabam aprendendo, se tiverem sorte, é que a verdadeira espiritualidade exige não o abandono da responsabilidade, mas a sua incondicional aceitação.

Investigue tudo o que desejar sobre a doença, sobre as teorias que tentam explicar-lhes a causa, sobre as opções de tratamento e sobre o que cada uma acarreta – e lembre-se que a decisão quanto à maneira de prosseguir é sua e só sua. Você saberá melhor do que ninguém quando algo o faz ligar-se às suas circunstâncias e aos seus valores. Saberá identificar, em especial, quando algo lhe é útil, quando facilitará a sua cura e quando o ajudará a agir e a viver mais plenamente a vida.

Fazendo isso, você aprenderá a confiar em si mesmo como autoridade máxima. Conscientizando-se com mais objetividade e clareza de seus pensamentos, sentimentos e sensações e conhecendo melhor a sua depressão, você conseguirá discernir quando uma atitude ou um tratamento está funcionando. Qualquer que seja o caminho que escolher, você estará mais capacitado a fornecer informações às pessoas que selecionar para ajudá-lo — o que, por sua vez, lhe permitirá ajudá-los de forma ainda mais eficaz.

Prepare-se para ouvir críticas a qualquer decisão que resolva tomar. Repassando, ainda que rapidamente, as várias teorias e abordagens do tratamento da depressão, você verá que existem milhares, algumas diametralmente contrárias. Independentemente da sua decisão, sempre haverá quem lhe diga que está errada. Nesse momento, lembre-se que a verdade geralmente está entre os extremos de idéias rivais.

Não se apegue demasiado a nenhuma idéia ou abordagem, mesmo que seja a da sua opção. Também não a descarte de imediato. Seja paciente e dê tempo para que ela surta efeito. Ao mesmo tempo, se ficar claro que não funciona, deixe-a de lado. Permita que suas idéias e preconceitos em relação ao tratamento, terapia ou medicamentos se mostrem equivocados.

A autoridade máxima sobre sua vida continua sendo você. Mas, como está escrito naquele adesivo de pára-choques, questione a autoridade — mesmo que seja a sua. Seja gentil consigo mesmo quando cometer algum erro. Seja flexível, tenha confiança e siga seu caminho.

Se conseguir fazer isso em meio à depressão, você será capaz de fazê-lo toda vez que quiser, qualquer que seja a situação que enfrentar na vida.

Exploração adicional

Para ser capaz de ver-se como autoridade máxima, antes é preciso identificar quem você vê agora como autoridade. A quem recorre quando não sabe como agir? Qual o seu grau de desespero quando você não sabe o que fazer? Você acha que precisa encontrar alguém que decida em seu lugar?

Após identificar suas autoridades, você é capaz de decidir que ouvirá suas opiniões mas não tomará o que dizem como a última palavra?

Sente-se em silêncio e concentre-se na respiração.

Procure colocar-se acima da mente que se preocupa com quem está certo e com o que as pessoas pensarão de você. Procure dentro de si mesmo o lugar onde repousa o ser sábio que está ao seu lado quando você precisa. Reconheça a presença desse ser. Dê-lhe a forma que quiser, imaginando-o à moda tradicional ou com características mais modernas.

Em seguida, olhe o rosto desse ser. Observe que essa face tranqüila é a sua própria face. Inspire quando sentir que olha nos olhos do ser sábio. Faça-lhe uma pergunta, se quiser. Ou simplesmente permaneça em silêncio, respirando junto com ele. Com uma reverência interior, que é mais um ato de reconhecimento que de adoração, saia da presença desse ser e volte a concentrar-se na sua respiração. Lembre-se de que essa sabedoria está à sua espera, sempre que precisar dela.

Comunidade

> Pode parecer que me fechei à chave longe das pessoas deste mundo e, no entanto, por que é que jamais cessei de pensar nelas?
>
> RYOKAN

A palavra sânscrita *sangha* refere-se à comunidade das pessoas que praticam o budismo. Originalmente, significava a comunidade dos monges, mas seu significado expandiu-se ao longo dos anos até abarcar também a comunidade leiga. Alguns mestres ampliaram ainda mais esse significado até fazê-lo incluir todos os seres sencientes. A idéia não é descabida, pois, como disse Buda, "Iluminei-me juntamente com todos os seres".

O budismo considera *sangha* uma jóia ou um tesouro precisamente porque pode representar um apoio na nossa jornada pelo caminho espiritual. Naturalmente, como qualquer comunidade, esta também pode ser uma fonte de frustração e, às vezes, um obstáculo.

O significado da palavra *sangha* já foi comparado a um tambor giratório cheio de pedras. À medida que as pedras rolam e batem umas contra as outras, suas arestas se desgastam e elas começam a tornar-se lisas. Quando finalmente as retiramos, já são completamente diferentes do que eram quando as colocamos no tambor: não só estão mais polidas, mas revelam uma nova beleza, com cores e padrões que antes não podíamos ver.

Quando estamos deprimidos, sentimo-nos excluídos de qualquer comunidade. A pesada cortina que nos envolve e nos mantém isolados dificulta nosso contato com outras pessoas. Esse contato é especialmente difícil quando elas nos dão conselhos ou dizem-nos o que devemos fazer.

Podemos tentar contar a amigos o que está acontecendo conosco, mas a maioria das pessoas só consegue dar ouvidos aos nossos medos e nossos pensamentos – e a nossa conversa de desespero, desesperança e dor – enquanto não se sente impelida a fazer-nos calar ou dar-nos as costas. É difícil encontrar quem nos ouça, pois as nossas palavras tocam certos medos e pesares presentes nas próprias pessoas e nas suas vidas.

Mesmo para aqueles que querem ouvir-nos, ouvem-nos e tentam dar-nos sua presença, é como se estivéssemos enviando mensagens de um país remoto. Nós lhes falamos de visões e sons de uma terra que eles não conhecem, e nossas palavras nos limitam naquilo que podemos comunicar-lhes. É difícil traduzir nossos medos em palavras. Embora esse seja o momento em que mais precisamos de contato humano, podemos acabar frustrados e impedidos em nossas tentativas de falar com as pessoas.

O exemplo dos grupos de auto-ajuda – que redescobriram o valor de *sangha* neste século – pode ajudar-nos. Falar com alguém que conheça ou tenha vivido aquilo que estamos vivendo pode ter um grande poder de cura: descobrimos que não estamos sós e que outras pessoas já passaram pela depressão e sobreviveram. Sua experiência e suas revelações podem inclusive ser de utilidade prática para nós. Quando estamos com pessoas assim, não precisamos esforçar-nos para explicar aquilo que estamos vivendo. É um grande alívio podermos ser, afinal, compreendidos.

É possível encontrar alguém – ou mesmo mais de uma pessoa – para quem poucas palavras digam tudo que precisamos dizer. Assim poderemos sentir-nos ouvidos, reconhecidos e entendidos. Muitas vezes nem precisamos dizer nada. Sabemos que não precisamos preencher nenhuma expectativa quando estamos ao lado dessa pessoa.

Alguém que tenha enfrentado a própria depressão provavelmente será mais corajoso ao lidar conosco. Ele a conhece e, portanto, a teme menos que alguém que nunca a tenha vislumbrado. Essa pessoa é a prova viva de que você também pode superar a depressão. Ela pode contar-lhe o que a ajudou e como isso pode funcionar no seu caso. Suas palavras têm a autoridade da experiência.

Muitos médicos e terapeutas e muitos mestres e conselheiros espirituais não terão passado pelo que você está vivendo. Eles podem ser autoridades em suas áreas, mas talvez não possuam a compreensão, os pontos em comum, a experiência visceral que permitam uma verdadeira relação com alguém imerso na depressão.

A estreita comunicação com alguém que tenha explorado a mesma paisagem interior pode transmitir-nos segurança e esperança. Com isso, ficará mais fácil encontrar a força para voltar a pertencer à nossa comunidade maior. E, a partir daí, poderemos começar a curar-nos e a ultrapassar a barreira da depressão, rumo a um lugar onde possamos fazer parte novamente da comunidade de todos os seres.

Um amigo sábio, que compartilhou comigo sua própria luta contra a depressão, o diz muito bem: "É como se estivéssemos a meio caminho da encosta de um precipício, cada um num ponto diferente. Nenhum de nós sabe se pode subir ou descer. E precisamos concentrar-nos totalmente na perigosa situação em que nos encontramos; portanto, praticamente não podemos ajudar um ao outro. Mas que alívio haver outra pessoa nesse precipício, alguém a quem possamos perguntar: 'O que acha do caminho? Está com medo? Acha que ainda falta muito para chegarmos ao vale?'"

A companhia não é pouca coisa, qualquer que seja o caminho.

Exploração adicional

Sente-se em silêncio ao lado de uma pessoa querida, concentrado na respiração. Ambos podem estar olhando para a frente. Ou, se tiverem confiança suficiente para fazê-lo, sentem-se um diante do outro, olhando-se nos olhos.

Permaneçam em silêncio, concentrados na respiração, compartilhando o momento. Goze da sensação confortável e prazerosa de sentir a presença do outro, escutando-lhe a respiração ao mesmo tempo que ele escuta a sua.

Se essa pessoa se mexer, pense que ela está sentindo a mesma inquietação – e talvez desconforto – que você.

Permaneça sentado, pensando no fato de não ter de seguir pela vida sempre sozinho. Saiba que há pessoas que podem acompanhá-lo em sua jornada, mesmo que seguindo seus próprios caminhos.

Quando terminarem, façam uma reverência mútua ou marquem de alguma outra maneira o que acabam de compartilhar.

Depois de ter se sentado ao lado de seu amigo ou em outro momento qualquer, façam uma caminhada ou uma refeição juntos, em silêncio e conscienciosamente. Simplesmente compartilhem mais uma vez o prazer e o conforto de uma nova atividade na presença um do outro.

A cada momento, uma em cada sete mulheres e um em cada doze homens estão lutando contra a depressão. Arrisque-se a procurar alguém que você sabe que também está passando por isso. Conte-lhe que está lidando com o mesmo problema e pergunte se essa pessoa não gostaria de conversar a respeito do assunto. Vocês talvez resolvam estabelecer encontros regulares para essas conversas. Diga-lhe que, por saber o que é a depressão, você não ficará magoado se não lhe retornar um telefonema imediatamente ou não tiver vontade de comparecer a algum dos encontros.

A fé

> Não há nada que nos possa convencer, impelir ou obrigar a ter fé. Fé significa tranqüilidade, e a tranqüilidade absoluta é a fonte da nossa natureza e da nossa existência.
>
> DAININ KATAGIRI ROSHI

É difícil ter fé em alguma coisa quando o momento presente é tão penoso. Se a fé se baseasse apenas na esperança, ela não teria fundamento quando não houvesse nenhuma esperança. Mas quando estamos além da esperança, o que nos resta?

Resta-nos contar com nós mesmos – nossa mente e nosso corpo. E podemos ter fé em que encontraremos as respostas que buscamos na vida.

Para o budismo, a fé está na compreensão de que Buda encontrou soluções para a questão do sofrimento em nossa vida. Mas mesmo esse ponto de partida não deve ser aceito cegamente – devemos confirmá-lo com nossa própria experiência. Enquanto vamos prosseguindo, continuamos buscando uma compreensão que deve ser confirmada, antes de mais nada, por nossa própria experiência.

Na depressão, podemos ter fé nas respostas que já foram obtidas por outras pessoas. Podemos ver que elas conseguiram recuperar-se da depressão e que nós podemos fazer o mesmo. E, em nossa própria experiência, na mente e no corpo, podemos encontrar as respostas que precisamos para curar-nos da depressão.

Por mais estranho que pareça, podemos também ter fé em uma das coisas que contribuem para nossa dor. Podemos confiar na impermanência, que na depressão vemos tão bem. Ao invés de ainda mais desesperança, a impermanência pode dar-nos um pouco de esperança.

Só o fato de que nada é permanente possibilita a mudança. As coisas podem ser difíceis neste momento, mas podemos ter certeza de que elas mudarão. Embora não saibamos ao certo como será o momento seguinte, é justamente nessa incerteza que está a nossa oportunidade.

Na depressão, temos a sensação de que sempre estivemos e sempre estaremos deprimidos. Mas também aqui a impermanência nos ajuda. A maioria das depressões acaba após um certo tempo, mesmo que não façamos nada para isso.

Apesar de nos sentirmos atolados quando deprimidos, como se estivéssemos parados em um mundo que gira sem cessar, somos parte da mudança. Por isso, podemos ter fé na possibilidade de mudar e de dar um fim ao nosso sofrimento. No fundo, essa fé baseia-se na fé que temos em nós.

Às vezes perdemos a esperança. Mas ela implica a inatividade, a falta de participação ativa e a espera de que a cura aconteça. Em lugar de esperança, podemos ter fé – a fé nos conduz ao empenho. Essa fé e esse empenho podem nos aproximar daquilo que buscamos – e, nesse processo, ambos – fé e empenho – podem crescer e ficar mais fortes.

Eu, não-eu

"Quem é *você*?", perguntou a Lagarta.
Alice respondeu timidamente: "Eu — eu mal sei, Senhor, principalmente agora. Pelo menos eu sabia quem *era* quando acordei esta manhã, mas devo ter mudado várias vezes desde então."

LEWIS CARROLL, *AS AVENTURAS DE ALICE NO PAÍS DAS MARAVILHAS*

Estudar o caminho do Buda é estudar o eu.
Estudar o eu é esquecer o eu. Esquecer o eu é ser iluminado por todas as coisas.

DOGEN, *GENJOKOAN*

Na depressão, temos a impressão de que o nosso próprio eu está se desintegrando. Nada do que façamos parece importar. Não sabemos quem somos ou qual o nosso lugar. Na melhor das hipóteses, isso confunde – na pior, aterroriza.

O budismo pesquisou exaustivamente essa noção de eu e concluiu que, na verdade, não existe um eu à parte, concreto e imutável. (Para o budismo, essa falta de um eu permanente, juntamente com o sofrimento e a impermanência, é uma das "marcas da existência".) Mesmo para alguém que pratique a meditação há muito tempo, esse conceito é perturbador, difícil de entender e de aceitar. E, enquanto experiência real, ele pode inicialmente parecer aterrorizante.

Nossa reação inicial a essa noção de ausência de um eu à parte geralmente é a incredulidade. A nossa experiência diz que existe um eu independente e concreto. Qualquer outra hipótese nos parece insólita e absurda. Porém, se a examinarmos mais atentamente, começaremos a entender de que se trata. Poderemos inclusive começar a entender o que estamos vivenciando na depressão.

Nossa habitual crença num eu separado e diferenciado é muito importante para nós. Com efeito, é parte essencial do desenvolvimento infantil. Todos recordamos a intensa necessidade que tínhamos, na adolescência, de mostrar que somos diferentes, singulares e importantes.

Já adultos, todos conhecemos a experiência de criar conscientemente um suposto eu, talvez para uma entrevista de emprego, para uma reunião de escola ou para uma paixão. Criamos um eu – um conjunto de imagens e atitudes – e então o apresentamos ao mundo e o defendemos.

Entretanto, o budismo nos diz que esse eu é apenas uma criação artificial.

O que normalmente imaginamos ser um eu à parte, imutável, é na verdade um processo dinâmico, um processo que se encontra em fluxo constante. A ciência diz que todas as nossas células mudam completamente a cada sete anos. E nossos pensamentos e percepções mudam muito mais depressa.

A interdependência está na base de nossa existência. Estamos vinculados a todas as outras coisas que há neste mundo. Existimos graças a uma infinidade de causas e forças e vivemos em meio a uma infinidade de outros seres, dentro da teia da vida. Portanto, em vez de imaginar um eu que existe dentro desse corpo e constitui o centro do mundo, poderíamos com mais acerto dizer que nosso eu na verdade *é* todo o mundo.

O que isso tem que ver com a depressão? Na depressão há uma fratura na tagarelice da mente e da memória, que está sempre criando histórias. No espaço criado por essa fratura, podemos começar a vislumbrar a verdade da falta de um eu separado e duradouro. Também podemos descobrir essa verdade por meio da meditação, de uma tragédia ou de qualquer atividade em que possamos "perder-nos". Ela é emocionante e libertadora – e, às vezes, também desorienta e amedronta.

Em certo sentido, a depressão é uma enfermidade na qual o eu ilusório parece desintegrar-se. Ao mesmo tempo, porém, esse pretenso eu parece ganhar mais concretude, pois o sofrimento que vivencia é muito intenso. Isso torna a depressão um terreno particularmente fértil ao exame e à investigação daquilo a que nos referimos quando dizemos "eu", "mim" ou "me".

Se conseguirmos tornar-nos mais flexíveis diante da dor, em lugar de proteger-nos contra ela, poderemos começar a ter a sensação de ser mais etéreos, de ter menos materialidade. Poderemos sentir-nos mais expansivos e abertos, como se abarcássemos o mundo inteiro.

A depressão, que pode amortecer-nos a consciência e isolar-nos de tantas maneiras, pode também apontar-nos uma grande verdade. Dentro dessa verdade, vemos que não estamos isolados do mundo. Na realidade, vemos que não somos outra coisa senão o próprio mundo.

Exploração adicional

Sentado e atento à respiração, concentre-se em seus pensamentos. Eles permanecem constantes? Você os está "pensando"? Eles às vezes surgem por conta própria? As lembranças constituem boa parte de seus pensamentos? Ou o planejamento para o futuro? Passado e futuro dão continuidade ao surgimento e à desaparição dos pensamentos? Você encontra seu eu neles?

Observe suas sensações. Há nelas algo de constante? Seu eu pode ser encontrado nelas? No seu corpo? Ou, quando pensa no seu eu, pensa em algo mais que isso?

Observe os seus sentimentos. Enquanto vêm e vão, você é capaz de reconhecer padrões ou hábitos em suas reações? Seu eu se encontra em seus sentimentos ou nesses padrões? É isso que você é?

Veja quem observa esses pensamentos, sentimentos e sensações. É aí que está o seu eu? Para onde vai esse observador quando você não está prestando atenção?

Você percebe que todas essas coisas – pensamentos, sentimentos e sensações – estão mudando constantemente? Ora predominam os pensamentos; ora, os sentimentos; ora, as sensações. Esse processo é você?

Quando está sentado em silêncio, simplesmente observando sua respiração, percebe algum momento em que esse processo é silencioso e tranqüilo? Há algum momento em que não há nenhum pensamento, nenhum sentimento, nenhuma sensação – só a inspiração e a expiração? Onde está você nessa hora?

Pare algumas vezes durante o dia e observe a si mesmo. O que você identifica como o seu eu? Seus sentimentos? Seus pensamentos? Suas sensações? Seu corpo? Há alguma consciência do que seja você?

Há alguma coisa constante que crie um fio de continuidade, algo que possa ser esse eu?

Você representa vários papéis ao longo do dia – pai, amante, amigo, empregado, patrão, professor? Qual deles é você? Você interage com seu mundo e com outras pessoas ao longo do dia. Você é essa atividade? Em caso afirmativo, para onde você vai quando fica imóvel e calado?

Se os seus pensamentos, sentimentos e sensações não são você, se os seus papéis não são você, se o seu corpo não é você – é possível encontrar o seu eu em algum lugar?

Ligado à vida

Ser iluminado por todas as coisas é remover as barreiras entre o próprio eu e as outras pessoas.

DOGEN, *GENJOKOAN*

Quando estamos deprimidos, somos tomados pela sensação de estar isolados da vida e das pessoas. Sentimo-nos como se vivêssemos por trás de uma cortina. Às vezes, essa cortina parece ser feita de veludo negro e grosso – às vezes, de ferro. Em outras ocasiões, ela até deixa que penetre alguma luz. Mas está sempre presente, dificultando-nos, quando não nos impossibilita, ver e tocar a nossa vida. Além disso, ela também dificulta ou impede que sejamos vistos e tocados.

Buda falou a respeito dessa sensação de separação. Ela resulta em parte da criação de um eu à parte, que depois precisa ser protegido a todo custo. No entanto, não percebemos que o que de fato estamos protegendo é apenas a *ilusão* desse eu isolado.

Em vez de dizer que todos temos um eu à parte que é independente e auto-suficiente, Buda ensinou que todas as coisas são interligadas e interdependentes. Thich Nhat Hanh, mestre zen contemporâneo, fala dessa interconexão como "inter-ser". Como ele mesmo explica, existem inúmeras coisas aqui mesmo nesta página. Todas precisam estar presentes para que esta folha de papel exista. A luz do Sol, a chuva, a terra e o ar que alimentaram as árvores foram necessários. As pessoas que as derrubaram, que produziram o papel, fizeram o livro e o trouxeram até você também estão todas envolvidas com essa folha de papel. Incluam-se todas as coisas e todas as pessoas que foram necessárias para que a vida *daquelas* pessoas se concretizasse e poderemos começar a ter uma idéia de como essa folha de papel está relacionada com o universo inteiro.

Um agradecimento zen proferido antes das refeições coloca isso assim: "Inumeráveis esforços se somaram para trazer este alimento até nós. Devemos ter consciência do percurso que ele faz." Não se trata propriamente de agradecer pelo fato de o alimento chegar até nós, mas antes de tudo de conscientizar-se. Pensando dessa forma, a gratidão surge em seguida, naturalmente.

Na depressão, esquecemos que estamos todos interligados. Nossa sensação de separação se intensifica. Se você já achou difícil integrar-se (e isso se aplica à maioria de nós, pelo menos de certa forma ou em certo momento da vida), é possível que essa impressão volte a surgir ou se torne muito mais forte. É muito importante lembrarmos sempre que essa sensação de separação na verdade é um caso de identificação equivocada.

Queremos estabelecer um relacionamento íntimo e verdadeiro com todas as coisas. No entanto, esse relacionamento não precisa ser estabelecido, pois já existe; sempre existiu. Na verdade, ele está ao nosso alcance; basta querermos.

Ele está ao nosso alcance porque a vida não é *senão* relacionamento; nós *já* estamos nos relacionando com todas as coisas a todo momento.

Quando se sentir irremediavelmente isolado, lembre-se de que vive com os pés fincados na própria vida. Assim como as pintas da obsidiana não podem separar-se do granito e as moléculas de oxigênio não podem separar-se do ar que respiramos, você não pode separar-se da vida.

Exploração adicional

Sentado em silêncio, concentre-se na respiração. Acomodado em seu lugar, sinta como está centrado e ligado à terra, como ela sustenta você e sua vida. Pense nesse lugar em que está sentado como o centro de uma teia infinita que conecta todos os seres deste mundo uns aos outros e a você.

Nessa teia, todos os seres têm valor e importância, todos são necessários. Eles dão sustentação à sua vida, ao mesmo tempo que precisam que você exista para viverem.

Ao expirar, lembre-se que está proporcionando às plantas o ar que as alimenta e que na respiração delas está a sua próxima inspiração.

Na imensidão deste mundo, cada ser é uma parte de todos os outros seres e contém a todos. Você faz parte deste mundo, não existe fora dele; você respira com todos os outros seres. Você só se sente isolado porque esqueceu que é membro dessa família da qual não pode separar-se.

O mundo sustenta você e sua vida como o ar sustenta a tudo e a todos.

A cada inspiração, lembre-se que está ligado ao vasto mundo. Você está ligado a ele desde o momento em que nasceu e permanecerá ligado a todos os seres até exalar seu último suspiro.

Sem expectativas

> Isso não significa que não devamos planejar as coisas para o futuro. Significa, sim, que não faríamos bem em apegar-nos a determinados resultados. Faríamos melhor se nos esforçássemos em estar presentes, em vez de insistir no que o futuro deve ser.
>
> STEVE HAGEN

> Não espere nada.
>
> PETER MATTHIESSEN

Na depressão, podemos passar a maior parte do tempo nutrindo grandes expectativas. Buscamos algo, qualquer coisa, que prometa acabar com o nosso sofrimento, e colocamos nisso todas as nossas esperanças. Ou então cedemos ao sombrio futuro em que a depressão nos faz acreditar e desistimos de todas as esperanças.

Entretanto, *qualquer uma* dessas alternativas ainda é viver de expectativa. Quando esperamos alívio – ou mais sofrimento –, esquecemos onde estamos agora e abrimos mão deste momento. Porém, é só neste momento e em mais nenhum que os seres humanos podem viver a alegria, a comunhão e a cura.

As expectativas nos colocam fora do momento presente. Podemos esperar que, graças à terapia, à mudança de regime alimentar ou à medicação, a depressão termine. Esperamos resultados positivos – inclusive talvez a iluminação – da meditação que praticamos. Porém isso tudo se reporta ao futuro. Quando ficamos presos ao que virá, deixamos de estar presentes no que estamos fazendo agora para voltar-nos para o futuro e os resultados que trará.

A meditação é uma coisa que podemos fazer sem pensar no que nos proporcionará. Nós a praticamos só por praticar. Se usarmos a meditação ou outra prática espiritual para conseguir alguma coisa, para melhorar ou avançar de algum modo, estaremos fazendo uso dela como de qualquer outra coisa que usamos na vida. É como o carro caro, as roupas certas, o relacionamento certo e todas as coisas que esperamos que nos tragam felicidade em algum momento futuro.

Em vez disso, podemos lembrar que, assim como é, este momento tem em si tudo que precisamos. Da mesma forma, temos tudo que precisamos dentro de nós neste momento. A única coisa que precisamos é estar aqui e cuidar de nossa vida agora mesmo.

Diz uma máxima popular que "todos os dias e de todas as maneiras eu me torno cada vez melhor". O que isso implica, porém, é que não se é bom o bastante neste exato momento. Na meditação começamos a perceber que as coisas já são perfeitas como são. Num mundo assim, não precisamos de auto-ajuda; podemos praticar o não-eu, a não-ajuda.

Não ter expectativas é também ter uma mente aberta, uma mente de iniciante. É abrigar a valiosíssima dúvida da curiosidade e do questionamento. É renunciar às esperanças de controle sobre um resultado. É dar a atenção sincera e compassiva a nós mesmos e a todos os seres que encontramos neste momento, deixando o futuro para o futuro.

Não ter expectativas é assumir um compromisso integral com a vida humana.

Quando não temos expectativas, entregamo-nos ao mistério. Ficamos prontos para receber o que de maravilhoso pode esperar por nós a qualquer momento.

Exploração adicional

Sentado em silêncio, observe como você espera e antecipa o fim do tempo em que está sentado em silêncio. Talvez você use um despertador ou esteja sentado com outra pessoa que informará quando está na hora de terminar.

Você se concentra na hora de terminar? A expectativa de que o despertador toque, de que o tempo chegue ao fim, cresce até você deixar de prestar atenção ao que está acontecendo agora?

Você é capaz de deixar tudo isso de lado e simplesmente concentrar-se em cada momento que vai surgindo?

Antes de sentar-se em silêncio, analise suas expectativas quanto ao transcurso dos próximos minutos. Você está calmo, tem certeza de que permanecerá imóvel e em silêncio? Talvez lhe doam as costas e você tenha certeza de que vai ser difícil.

Essas expectativas se diluem? Qual a sua influência sobre o que de fato ocorre?

Você é capaz de reconhecer suas expectativas e, depois, deixar que as coisas aconteçam simplesmente, sem pensar no que espera que aconteça? Qual a sensação que lhe dá essa abertura?

Perto da verdade

A verdade vos libertará.

JESUS

Certa vez, procurei o meu mestre zen, Katagiri Roshi, para falar a respeito de um obstáculo que encontrei na meditação. Disse-lhe que não tinha dificuldade em assumir um compromisso com o budismo nem em aceitá-lo como mestre. Mas estava tendo problemas na hora de assimilar a idéia de *sangha* – a comunidade zen-budista local – como quer a tradição budista.

Katagiri escutou tudo que eu lhe disse. Depois respondeu: "Por que você está tão preocupado com isso? Por que não faz um voto de compromisso apenas com a verdade, onde quer que a encontre?"

Senti-me aliviado, como se tivesse acabado de obter plena autorização para ser eu mesmo. Só depois é que eu comecei a perceber como era difícil o encargo que me fora dado.

Katagiri sabia que eu também estava fazendo *aikido* na época. Em poucas palavras, explicou-me as idéias principais dessa arte marcial, embora aparentemente a conhecesse muito pouco. A certa altura, perguntou-me: "No *aikido*, você não procura ficar perto de seu oponente, já que esse é o ponto mais seguro em que se pode estar? Pois, na busca da verdade, é basicamente a mesma coisa." Passou as mãos uma sobre a outra várias vezes e acrescentou: "Quando você está perto da verdade, está também no lugar mais seguro que se pode estar. A verdade não pode fazer-lhe nenhum mal quando você está aí."

Anos antes, eu havia vivido uma experiência muito forte durante um retiro de meditação. Havia chegado perto de certas verdades. Mas a experiência da verdade me inspirara medo, levando-me depois a tentar fugir dela o mais que podia. Infelizmente, o que dá mais medo – e também o que é mais maravilhoso – quando vemos a verdade é que não podemos nem esquecê-la nem fugir dela depois. Podemos tentar deixá-la para trás, mas ela nos revisitará, encantando-nos até que a aceitemos – e, o mais importante, até que ajamos de acordo com ela, se for isso o que exigir de nós.

Na depressão, às vezes vemos cara a cara as verdades mais cruas e apavorantes. Tendo em vista o estado em que estamos, a idéia de fugir delas é tentadora. Contudo, devemos lembrar que isso só nos causará mais dor e sofrimento adiante.

Portanto, seja gentil consigo mesmo se recuar alguns passos quando se encontrar diante da verdade – mas lembre-se que o lugar mais seguro onde se pode estar é perto dela.

Exploração adicional

Provavelmente, há muitas verdades na sua vida que você tem medo de reconhecer. Pense numa delas, por simples curiosidade. Talvez você deteste seu emprego e queira mudar; talvez haja uma coisa que sempre teve vontade de fazer, mas nunca fez nem comentou com ninguém; talvez sua relação com seu filho, amigo ou parceiro não seja tão estreita quanto você gostaria.

Enquanto pensa nisso, observe – e deixe de lado – os pensamentos de crítica e culpa por não haver enfrentado essa verdade antes. (Note que esses pensamentos podem afastá-lo muito da verdadeira análise da situação.) Analise seu medo de reconhecer essa verdade. Está preocupado porque ela exige mudanças de atitude? Você sofre por ter de aceitá-la? Não é preciso pensar no que ela exige de você. Basta vê-la e reconhecê-la.

Permita que essa verdade se coloque bem diante de você. Deixe-a ser simplesmente o que é, sem medo, crítica nem raiva.

Observe objetivamente a situação que essa verdade contém. Não a afaste nem fuja dela. Simplesmente mantenha-se firme e receba-a com calma. Acolha-a e familiarize-se com ela, em vez de pensar no que precisa fazer com ela.

Perceba que agora essa verdade já faz parte de sua consciência – e que você pode voltar a ela e enfrentá-la sempre que quiser.

A gratidão

> Um homem saiu à procura de uma mulher famosa por sua sabedoria e pediu-lhe um conselho. Ela lhe disse: "Independentemente do que me aconteça, sempre digo: 'Obrigada por tudo. Não tenho queixas'." O homem foi embora, mas voltou algum tempo depois. "Fiz o que você me aconselhou, mas não sinto nenhuma diferença", disse ele. Ela respondeu: "Obrigada por tudo. Não tenho queixas." Com isso, o homem iluminou-se.
>
> HISTÓRIA ZEN

> Se a única prece que disser na vida inteira for "Obrigado", já é o bastante.
>
> MEISTER ECKHART

Quando estamos deprimidos, temos muita dificuldade em encontrar algo por que agradecer. Só sentimos dor e desesperança. Até a dádiva de estarmos vivos parece-nos mais uma maldição que uma bênção.

Como se cultiva a gratidão no coração? Ela é palavra, pensamento ou estado de espírito?

Podemos tentar sentir a gratidão, mas nesse caso ela será para nós o que era quando éramos crianças – uma mera formalidade. (Lembrome de haver dado graças, na infância, antes de muitas refeições só para chegar ao fim e poder cair logo no prato de comida.) E quando seguimos desatentos pela vida, não só deixamos de apreciar tudo o que recebemos, mas temos uma conduta desrespeitosa para com todas essas dádivas.

Com a desaceleração que a depressão nos impõe, temos a oportunidade de sentir e expressar uma gratidão mais profunda. As grandes coisas são demais para nós, mas podemos concentrar-nos nas pequenas. Em lugar de seguir correndo pela vida, como fazemos tantas vezes quando não estamos deprimidos, podemos investir em estar presentes em cada pequeno ato nosso. Talvez não saibamos fazer um jantar de sete pratos, mas ainda podemos saborear a lata de feijões ou o sanduíche que preparamos. Podemos comer devagar e saborear cada bocado da comida, seja ela qual for.

Estamos acostumados a pensar na gratidão apenas pelo que recebemos. Com isso, desconsideramos o que já temos. A dificuldade que sentimos na depressão de agradecer pelo que recebemos pode levar-nos à gratidão pelas coisas mais básicas, as coisas que já temos. Estamos deprimidos e estamos sofrendo, mas ainda podemos ter em conta todas as pequenas maravilhas que fazem o nosso humano mundo — degustar, respirar, caminhar, estar vivo.

Podemos ter em vista esse espírito de gratidão em qualquer momento, simplesmente vivenciando em sua plenitude tudo o que nos é dado. Podemos aproveitar cada momento de nossa vida. Quando vivemos assim, aceitamos cada momento como uma oferenda e, ao mesmo tempo, ofertamos nosso ser a cada momento.

Exploração adicional

Procure um lugar tranqüilo. Pense em tudo aquilo por que tem gratidão — esse maravilhoso corpo que você habita e que tem a capacidade de ver, de ouvir, de degustar, de tocar, de pensar e de sentir.

Pense em todos os seres que contribuem para sustentar-lhe a vida — sua família, seus amigos, seus pais, que o trouxeram a este mundo. Todas as pessoas que cultivam o alimento que você ingere, que trabalham para fazer as roupas que você veste, a casa em que vive. Ao pensar nelas, coloque cada uma dentro de seu coração. Agradeça-lhes e faça um gesto que simbolize seu apreço por elas e pela vida delas.

Pense na terra e nos seres que a habitam, com tudo aquilo que fornecem – o chão que você pisa, as plantas ou animais que lhe servem de sustento, as árvores que limpam o ar que você respira. A luz do Sol que aquece a terra. As nuvens que trazem a água da chuva. As estrelas que à noite brilham em toda a sua beleza. Agradeça a todos.

Dê graças antes da refeição. Você pode agradecer a Deus, à terra ou ao alimento. Ou fazer simplesmente um momento de silêncio antes de dedicar-se à comida; o que lhe parecer melhor.

Apenas faça uma pausa para dar essas graças, essa atenção ao momento, antes de comer. E então coma devagar, mantendo essa sensação de gratidão ao longo de toda a refeição. Saboreie o que está comendo, consciente de que fazer isso é dar graças continuamente.

Como se sente ao fazê-lo? Sem jeito? Reconfortado? É mais fácil comer devagar e atentamente quando faz essa pausa antes?

A atenção

Zuigan Gen Osho chamava a si mesmo todos os dias: "Mestre!" e respondia: "Sim, senhor!" Então costumava dizer: "Fique bem atento!" e responder: "Sim, senhor!"

MUMONKAN, *CASO 12*

Quando paramos para ver, é incrível o quanto estamos desatentos no dia-a-dia. Arrumamo-nos de manhã e vamos para o trabalho como se estivéssemos imersos num nevoeiro. Às vezes paramos durante o dia, como se tivéssemos acabado de acordar, e vemos o quanto estamos desatentos ao realizar nossas atividades habituais.

Nossas reações — principalmente à dor — são quase sempre automáticas. Muitas vezes poderíamos muito bem estar dormindo mesmo, a julgar pelo pouco que realmente vivemos e prestamos atenção à nossa vida.

A depressão parece fazer-nos dormir ainda mais. Ela nos embota a mente, dificultando ainda mais a atenção. Ao mesmo tempo, podemos enredar-nos tanto na dor da depressão que nem nos damos conta. Empenhamo-nos inteiramente em lutar contra a dor. E essa luta torna ainda mais profundo esse nosso sono da vigília.

No entanto, por mais adormecidos que estejamos, é possível despertar. Todos podemos despertar — e despertar cada vez mais — por meio do simples processo de cultivar a atenção.

A atenção permite-nos voltar atrás no nosso sonho diurno, ao mesmo tempo que nos aproxima de um verdadeiro encontro com a nossa vida. Ela consegue retirar tudo o que acrescentamos ao momento e permite-nos vê-lo como ele é.

A meditação é a prática da atenção. Quando aprendemos a prestar atenção à mente e ao corpo, vemos o quanto estamos esquecidos de perceber e retrocedemos, uma e outra vez, à experiência do momento. Ao fazê-lo, aperfeiçoamos gradualmente nossa capacidade de estar presentes – a princípio, na meditação e, depois, também no resto da vida.

Na depressão, é comum a sensação de sonambulismo. Muitas vezes, é essa a impressão que damos às pessoas. Um dos melhores antídotos para essa falta de atenção é simplesmente conscientizar-se dela, prestar-lhe atenção diretamente. Dessa forma, optamos por não deixar que a depressão nos roube a experiência de viver a vida.

A expressão *ter atenção* significa, entre outras coisas, "o ato de cuidar". Neste caso, significa cuidar de nossa vida e da vida do mundo à nossa volta, como cuidaríamos de uma criança pequena – sendo carinhosos e atentos para com ela. O mínimo que podemos fazer quando sentirmos que estamos passando pela vida sem realmente viver é dar um passo rumo à participação plena e compassiva, fazendo uso desse sentido da expressão *ter atenção*. Podemos dar esse passo apenas nos manifestando em nossa própria vida.

Exploração adicional

Shikantaza, a meditação zen da percepção fortuita, é considerada uma prática que permite que a mente tome sua forma natural – aberta, imperturbável e ampla como o grande céu azul.

Sentado em silêncio, comece a concentrar-se e tranqüilizar-se observando e acompanhando sua respiração. Quando se sentir suficientemente calmo, procure praticar a percepção fortuita.

Em vez de tomar um determinado objeto como foco de sua meditação, alimente a abertura da percepção, de forma que tudo que aconteça dentro ou fora de você possa passar como nuvem pelo céu aberto de sua percepção. Deixe que tudo venha e vá, que passe através de seu corpo e sua mente. Observe as sensações, os pensamentos, a respiração, as emoções e os sons, mas não se concentre em nenhum deles.

Mantenha-se nesse estado por algum tempo. Permaneça com a atenção e o silêncio de quem procura escutar alguma coisa pequena mas decisiva.

Deixe-se preencher e esvaziar de tudo o que estiver acontecendo com e sem você, permitindo que passem visões, sons e odores como se estivesse vendo através da tela que recobre uma porta num dia de verão.

Sente-se

> Por que você não se senta e cala a boca?
>
> DAININ KATAGIRI ROSHI

Na depressão parece que há uma barreira entre nós e a vida. A meditação destina-se a romper essa barreira e, por isso, é uma prática tão indicada para nós. Ela é uma das poucas coisas que podem ser bem-feitas durante uma depressão, pois tudo que requer é que nos sentemos em silêncio e prestemos atenção.

Quando temos a impressão de não poder fazer nada bem e de que tudo exige um tremendo esforço, a prática da meditação é maravilhosa porque é, ao mesmo tempo, rigorosa e branda. O amplo céu aberto que é a meditação é grande o bastante para abrigar a nossa depressão. Não precisamos achar que temos de deixar a depressão de fora; ela pode ser trazida conosco para a meditação.

Na meditação sentada ensinada por Dogen não há nenhuma idéia de perda ou ganho, de progresso a fazer ou de iluminação a encontrar. Ela é feita apenas com o intuito de explorar o momento o mais plenamente possível.

Nosso empenho é total — mas estamos tratando de meditação, e não de um treinamento militar. A dor surge, e nós nos esforçamos para não deixar que ela nos subjugue ou nos faça desistir. Por outro lado, não buscamos a dor nessa prática e, se ela for demasiado grande, podemos interromper a meditação.

Não é preciso sentar-se para meditar por um período determinado — meditamos enquanto conseguirmos. Não há como errar ao praticá-la. Se você só consegue ficar atento à respiração por um ou dois segundos, tudo bem. Recriminar-se ou julgar-se não faz parte da meditação.

(Isso pode ser parte da depressão, mas a meditação ajuda a abrandar essa voz julgadora.)

Você só precisa parar, sentar-se, respirar e prestar atenção com todo o coração. Não compare o momento presente com a meditação de ontem, da semana passada ou de dois minutos atrás. Neste instante, faça o melhor que for possível.

A meditação não tem nada de especial nem exótico. Pelo contrário, trata-se apenas de desacelerar para ouvir o que está dentro de nós e ao nosso redor. É prestar atenção com a mente e o coração a cada momento conforme ele se apresenta.

A meditação se faz com a mente e o coração, mas também com o corpo. Atente para o modo como o corpo está sentado. Mantenha a coluna reta, ao invés de dobrar-se para a frente ou para o lado. E se essa postura provocar uma dor muito grande, mude de posição ou pare de meditar.

Quando procurei meu mestre zen pela primeira vez após começar a meditar, tinha milhares de perguntas sobre a filosofia, sobre todas as coisas fantásticas que eu havia lido. Mas naquele dia Katagiri Roshi não queria saber de nada disso. Ele só queria saber como estava a minha respiração, se a minha postura era firme e equilibrada. Falei da dor que sentira nas pernas, e ele sugeriu que tentasse a meditação na posição meio-lótus, mesmo que por pouco tempo. Para me acostumar, disse que eu começasse tentando essa posição na banheira.

E foi isso. Nada de altas discussões filosóficas, só perguntas sobre meus joelhos e minha respiração.

O ideal é praticar a meditação diariamente. Alguma coisa acontece quando se pratica a meditação regularmente, com o compromisso de meditar não só nos dias bons, mas também nos maus dias.

Em primeiro lugar, a prática diária permite-nos começar a ver que de fato não há meditação boa ou má – simplesmente damos o melhor de nós. Em alguns dias, a mente está tranqüila, o corpo está à vontade e temos um período regenerador de silêncio e desfrute. Em outros, não é tão fácil. Mas, mesmo assim, sentamo-nos e vemos o que há dentro de nós e à nossa volta *nesse* momento.

Podemos lidar com a depressão de modo semelhante, dando o máximo de nós a cada dia, seja ele bom ou mau. Atentando para o que estamos sentindo. Enfrentando a depressão e vendo-a como é, neste e em todos os momentos.

Exploração adicional

Sentado confortavelmente e sentindo a respiração no abdômen, comece a preparar-se para meditar.

Imagine-se como um seixo que cai num riacho de água veloz e vai descendo, arrastado pela correnteza, até deitar-se, com todo o peso, no leito de areia. Sinta o peso de seu corpo comprimindo o assento e a parte posterior das pernas e joelhos. Concentre-se na respiração, em como vai dando o ritmo a seu corpo e ligando-o ao local em que está sentado.

Se tiver muita vontade de se levantar ou sentir uma energia que o puxa para cima, pense que isso é só a correnteza que momentaneamente o levanta no leito do rio. Então, volte a sentar-se rapidamente no fundo.

Quando inspirar, observe como a energia da respiração o faz descer e você fica sentado no ponto em que está. Quando esvaziar-se ao expirar, sinta como fica mais pesado e volta a sentar-se novamente.

Concentre-se no abdômen e no lugar em que está sentado. Se seus pensamentos o levantarem, pense simplesmente: "sentando" e volte ao abdômen e ao lugar em que está. Observe como a intenção de permanecer sentado o mantém preso ao fundo.

Pratique a caminhada lenta com atenção, concentrando-se no pensamento e na sensação de sentar-se. Ao inspirar e levantar o pé, sinta de novo a energia que o puxa para baixo, para a terra. Ao expirar e recolocar o pé no chão, sinta todo o seu peso nesse pé.

Mexa-se como um seixo no fundo de um riacho: pesado demais para ser levantado, é arrastado no leito pela correnteza. Esteja atento ao instante em que deixar de mover-se conforme essa sensação. Se seus pensamentos se tornarem mais leves e o trouxerem para a superfície, concentre-se de novo na energia do movimento descendente da caminhada e volte lentamente a sentar-se.

Ao longo do dia, pelo menos algumas vezes, procure pensar: "Sentar-se." Observe quando é que você tem a sensação de se levantar e sair de si mesmo. Procure assentar-se em sua vida e em quem você é e observe como a respiração flui para o abdômen, acomodando-o e acalmando-o.

Quatro cavalos

O bom cavalo corre até com a sombra de um chicote.

BUDA

Buda contou uma história sobre os quatro tipos de cavalo e os modos como aprendem e reagem ao dono.

O primeiro cavalo reage à sombra do chicote; o segundo, ao som do chicote, e o terceiro, ao contato do chicote na pele. Mas o quarto não reage enquanto não sentir a dor do chicote até os ossos e a medula.

Buda fez uma comparação entre esses cavalos e o modo como nós, enquanto pessoas que buscamos a espiritualidade, reagimos à orientação que recebemos e à dor que experimentamos.

Todo mundo gostaria de ser como o primeiro tipo de cavalo ou, pelo menos, como o segundo ou o terceiro. Se nos perguntassem, gostaríamos de responder que aprendemos e reagimos rápido. Não queremos aprender as coisas a duras penas. Não queremos precisar esperar até cair de joelhos para fazer uma mudança.

Mas o fato é que a maioria de nós é como o quarto cavalo. Não mudamos até que a dor fique tão grande que já não podemos agüentar.

No fundo, podemos até saber disso, mas achamos que há algo de errado ou vergonhoso – que ser como o quarto cavalo é ser lerdo ou burro. E isso é a última coisa que queremos admitir quando estamos numa depressão.

Mas essa história pode dar-nos um pouco de perspectiva. Ela pode ajudar-nos a nos compreender e aceitar um pouco mais.

Nós *não* temos de pensar que somos burros ou lerdos. Em vez disso, podemos nos dizer simplesmente: "Ah, sou como o quarto cavalo porque sou humano."

Na verdade, há um mérito em ser como esse quarto cavalo. Por precisarmos sentir a dor até os ossos e a medula, podemos ficar certos de que, quando aprendemos uma lição, não é uma aprendizagem superficial: ela é profunda, nós a assimilamos inteiramente. Quando chegar a hora de lembrar essa lição e usá-la na vida, poderemos fazê-lo com mais eficiência ainda, já que a aprendemos nesse nível.

Também podemos interpretar a história dos quatro cavalos como uma descrição do processo de aprendizagem. Podemos aprender a *não* ter de sentir a dor do chicote até os ossos todas as vezes e, na próxima, reagir ao seu contato com a pele.

Na depressão, podemos sentir a dor e o sofrimento até os ossos e a medula e, finalmente, começar a reagir a essa dor. Além disso, podemos também sentir-nos lerdos e burros por haver demorado tanto em analisar as causas dessa dor.

Isso pouco importa. O que importa é que estamos aqui e agora e estamos aprendendo com a dor. Você não estaria nem sequer lendo este livro se não estivesse pronto para fazer alguma coisa. Isso demonstra que você pode aprender e pode curar-se.

Na verdade, há também um quinto cavalo, um que não corre de jeito nenhum, por mais que lhe doa o chicote. A rapidez em mudar e curar-se não importa. O importante é que você reaja e aprenda.

Sem lar

> A Montanha Fria é uma casa sem paredes nem cumeeiras.
> As seis portas à esquerda e à direita estão abertas, a
> entrada é o céu azul.
>
> HAN SHAN

O lar é um lugar seguro – um asilo, no sentido mais verdadeiro da palavra. Para James Hillman, o lar e a família são aquilo que nos dá conforto e segurança ao regressar.

Mas a depressão pode fazer-nos sentir à deriva, sem lar neste mundo. Às vezes, essa sensação é tão forte que nos faz ficar dentro do nosso lar, sem sair jamais, literalmente.

Como diz uma velha canção – um *blues* – o lar está na cabeça da gente. Todavia, na depressão, quando procuramos dentro de nós aquela sensação de segurança e centramento, não a encontramos de jeito nenhum. Então, nos escondemos no quarto com as cortinas fechadas e tentamos deixar do lado de fora os perigos do mundo exterior.

Quando não conseguimos encontrar o nosso lar, podemos recorrer aos que optaram por não ter lar nenhum. Desde os dias de Buda, os monges vêm abandonando o lar, família e posses para seguir e praticar o budismo. ("O que deixa o lar" é uma expressão utilizada para designar o monge budista.) No início não havia grandes mosteiros. Os monges moravam na floresta, vivendo das esmolas que recebiam durante o dia. O que podemos aprender com essas pessoas?

Isto: de certa forma, somos todos sem lar. O que chamamos de lar é frágil e temporário. Mesmo este planeta é um lugar em que ficamos por pouco tempo.

As pessoas que desejam seguir os passos de Buda tradicionalmente fazem três votos, que são: "refugiar-se" em Buda (o mestre), na verdade (*dharma* em sânscrito) e na comunidade budista (*sangha*). Meu mestre, Katagiri Roshi, disse-nos que, quando fazemos esses votos, tornamo-nos refugiados. Ele não estava simplesmente fazendo um trocadilho inteligente. Quando nos lançamos na vida espiritual (no "mundo de Buda", como ele dizia), não temos nenhuma garantia, nenhuma expectativa, nenhuma promessa de recompensa ou de encontro de alguma coisa permanente. Colocamo-nos inteiramente dentro do mundo da impermanência. Quando fazemos isso, é difícil voltar aos velhos modos de pensar e viver.

O budismo mudou ao longo dos séculos. Os monges começaram a produzir o próprio alimento e, por fim, construíram os grandes mosteiros em que hoje vivem. No entanto, essa idéia de não ter um lar continua definindo a vida de um monge. E isso porque há uma valiosa lição nesse ensinamento.

A depressão nos dá a chance de experimentar e ter maior contato com a sensação de abandonar o lar, de não ter um lar. Depois desse contato, voltamos à questão de como vivemos.

No entanto, a meditação pode ser uma espécie de lar. Ela é um lugar ao qual podemos voltar quantas vezes quisermos, onde podemos acomodar-nos com todos os medos e tristezas que temos. Ela pode ensinar-nos a viver conforme a verdade segundo a qual de fato não temos lar nenhum.

Na meditação, damos o passo supremo de sentar-nos nus no mundo. Nesse lugar, o mundo inteiro acaba sendo, finalmente, o nosso lar.

Exploração adicional

Sentado em silêncio, comece por observar a respiração. Sinta o peso do corpo no lugar em que está sentado. Sinta os limites desse corpo que é o seu lar. Acomode-se nele inteiramente e pense: "Lar."

Pense no lugar em que está sentado agora, respirando em silêncio. Ao expirar, deixe que a consciência entre nesse espaço entre quatro paredes, com um piso e um teto. Sinta o telhado que está sobre sua cabeça; sinta como ele integra o edifício que essas paredes sustentam. Ao inspirar, pense: “Lar.”

Sinta o solo em que repousa esse edifício; a terra que continua quilômetros e quilômetros sob seus pés, atraindo-o, dando apoio a você e a esse edifício. Ao inspirar, conscientize-se da terra que está abaixo de você e pense: “Lar.”

Agora sinta o céu que se abre sobre você. O céu azul onde voam os pássaros e corre a brisa, de onde vem o ar que você respira. Deixe que a consciência vá com a respiração para esse céu azul. Inspirando, pense: “Lar.”

Expirando, sinta o grande espaço aberto além desse céu azul, onde o Sol e a Lua brilham e se movem. Expirando, conscientize-se dessa vastidão, das estrelas, das galáxias e dos mundos além de mundos. Inspirando, conscientize-se de residir nessa vastidão e pense: “Lar.”

Relaxe em meio a essa imensa abertura, inspirando e expirando, deixando que a percepção flua para o exterior, e sinta o seu lar enquanto inspira.

Então, ainda deixando que a respiração flua para esse grande universo, sinta a vastidão voltar até você, até esse chão em que pisa, esse céu azul sobre sua cabeça, esse telhado, esse piso e esse ponto em que você está sentado. Inspirando, sinta o ar preencher-lhe o abdômen e pense: “Lar.”

A vida regeneradora da natureza

O remédio e a doença curam-se um ao outro. A terra toda é remédio. Onde você se encontra?

MESTRE ZEN UMMON

O mundo natural é um lar espiritual (...). O homem anda nele em meio a florestas de coisas concretas que são também coisas espirituais, que o observam com o olhar cheio de afeto.

CHARLES BAUDELAIRE

A depressão nos parte — e nos abre — o coração. O agente dessa abertura é o mundo do eu, dos relacionamentos e deveres — as realidades inescapáveis da vida humana. Como seres humanos, precisamos estar dispostos a deixar que o coração se parta repetidas vezes.

Isso nos basta? Pois, além disso, precisamos encontrar um lugar onde o coração também possa se curar repetidas vezes. Precisamos de um lugar onde nos regenerar para voltar a viver no mundo com ação e compaixão.

Haverá instantes em que desejaremos fechar novamente o coração — mas, uma vez aberto, ele quer permanecer assim para sempre. O coração só volta a fechar-se com atitudes drásticas, como quando tentamos amortecer-nos — por exemplo, com drogas, obsessão pelo trabalho ou sexo compulsivo.

Então onde podemos encontrar essa cura que nos permita manter-nos vulneráveis e abertos, deixar que o coração se parta sem cessar? A meditação e seu silêncio são uma das alternativas, mas há pelo menos mais uma. Quando o mundo nos parte o coração, é a terra que pode curá-lo.

A literatura zen é rica em referências à terra e à natureza, identificando-as como agentes de realização e aprendizagem. (Quando lhe perguntaram quem havia presenciado sua grande iluminação, Buda abaixou-se e tocou a terra.) A maioria dos grandes ensinamentos religiosos do mundo demonstram uma reverência semelhante diante da terra. Os ensinamentos de Jesus, por exemplo, evidenciam ternura pelas árvores, plantas e flores. Quando precisava curar e ensinar ao próprio espírito, Jesus ia sozinho para o deserto. E quando São Francisco pediu a uma árvore que lhe falasse de Deus, ela floresceu em pleno inverno.

Na depressão, muitas vezes nos sentimos tão sós que não suportamos nem sair do quarto, quanto mais de casa. No entanto, em tranqüilos locais ao ar livre podemos encontrar amor, aceitação e cura. Os pássaros não se importam que estejamos deprimidos e não nos julgam. Se ficarmos imóveis em silêncio, eles se aproximarão de nós e cantarão seu canto de esperança e beleza, dando-nos aquilo que mais temos dificuldade de encontrar em nossa vida. A terra nos dará apoio e as árvores nos abrigarão. Como disse Buda, a chuva cai igual para todos e não faz distinção entre os que foram e os que não foram iluminados. Tampouco o Sol distingue a depressão da alegria.

Saindo e vendo o mundo dessa maneira, será mais fácil para nós sair de nós mesmos e de nossa dor. Talvez consigamos a começar a ver e a sentir a perfeição absoluta que existe no fato de todas as coisas serem exatamente como são. Se fizermos silêncio, talvez até encontremos as respostas de que precisamos.

Quando eu estava no auge da depressão, passei um dia às margens do lago Superior. Subi uma colina e observei o lago. Sentado numa rocha, meditei em silenciosa oração. Eu nem sabia ao certo o que estava pedindo ou buscando, mas sabia que precisava de alguma coisa. Jurei sentar-me e esperar pela resposta.

Era fim de outubro e o tempo estava muito frio. Quase uma hora depois, o frio da rocha começou a penetrar-me o corpo e, de repente, começou a nevar. Esperei mais alguns minutos e concluí que a resposta que eu buscava não viria. Desisti e resolvi levantar-me.

Nesse instante, ouvi um súbito zunido. Duas águias-pescadoras passaram voando para o lago, a poucos centímetros da minha cabeça, tão perto que cheguei a ouvir o ruído de suas asas.

Jesus disse que, se buscássemos, encontraríamos; se pedíssemos, receberíamos. Na vida regeneradora da natureza, a resposta pode vir mesmo quando finalmente desistimos de buscá-la.

Para mim, a resposta daquele dia foi: *Pare de correr, de perguntar e de buscar. Entregue-se e faça silêncio para poder ver os milagres que estão acontecendo ao seu redor.*

Exploração adicional

Abra a porta e saia. Observe a vida que se desenrola à sua volta, seja no seu quintal, no alto de um edifício, no centro da cidade ou no deserto mais ermo. Ouça os sons que estão no ar, sejam eles os arrulhos dos pombos da cidade ou o pio do falcão selvagem.

Não feche os ouvidos para esses sons, sentimentos e sensações. Deixe que lhe falem como se fossem uma grande canção, uma conversa de que todo mundo pode participar.

Se puder, e houver privacidade para tal, medite nesse local ao ar livre. Não veja com aborrecimento os ruídos e a atividade à sua volta. Pelo contrário, preste atenção a eles, deixe que fluam para dentro e para fora do lar que é o seu eu.

Quando terminar, faça-lhes uma reverência e agradeça-lhes pela música que lhe proporcionaram.

O valor da inutilidade

Hui Tzu disse a Chuang Tzu: "Tenho uma grande árvore chamada ailanto. Seu tronco é nodoso e irregular demais para ser medido; seus ramos, curvados e retorcidos demais para alinhar com compasso e esquadro. Se estivesse na beira da estrada, nenhum carpinteiro a olharia duas vezes. Suas palavras também são grandiloqüentes e inúteis, e por isso todos, sem distinção, as desprezam." Chuang Tzu disse: "Talvez você nunca tenha visto um gato montês ou uma doninha. Eles se agacham e se escondem, espreitando a chegada de alguma coisa. Saltam e correm para o leste e o oeste, não hesitando em subir e descer — até caírem na armadilha e morrerem presos à rede. Agora você tem essa árvore enorme e está aflito porque ela é inútil. Por que não a planta na cidade de Coisa-Nenhuma ou no campo do Amplo-e-sem-limites, relaxa e fica parado sem fazer nada ao seu lado? Ou, então, por que não se deita para dormir um sono fácil e descuidado sob a sua copa? Os machados não lhe encurtarão a vida e nada lhe fará mal. Se ela não tem nenhuma utilidade, como poderá sofrer ou sentir dor?

CHUANG TZU, *FREE AND EASY WANDERING*

A meditação e a prática espiritual realmente não valem nada.

DAININ KATAGIRI ROSHI

Na depressão muitas vezes nos sentimos sem valor, como se nada que fizéssemos importasse. Sentimo-nos desgastados e esgotados, como um velho trapo que nem como pano de esfregar o chão ainda serve.

Os seres humanos fazem poucas coisas sem uma finalidade. Por isso, nossa sensação de inutilidade na depressão parece atingir o próprio núcleo de humanidade que existe em nós.

Há algumas gerações, na maioria das comunidades havia um catador de trastes, que ia de casa em casa recolhendo velharias. Nunca entendi qual era a sua finalidade, até o dia em que recebi uma aula sobre produção de papel. E logo aprendi que os farrapos velhos e sujos, que já não servem para nada numa casa, ainda têm seu valor.

Primeiro, porém, eles têm de sofrer uma transformação. Esses farrapos precisam ser decompostos. Eles são picados, moídos e misturados com água até virar uma pasta. Só então o milagre começa. Nas mãos de um mestre artesão, esses farrapos se transformam nos mais belos papéis. São frágeis, claros e limpos.

Eles mantêm um pouco da resistência original, mas podem ser rasgados com muito mais facilidade. Não sendo tão compactos, deixam que a luz passe através deles. Na verdade, alguns desses papéis brilham com uma luz que parece vir de dentro.

Esses farrapos, antes considerados o que havia de mais inútil, tornam-se valiosos, algo que pode ser útil às pessoas. Eles podem conter o pensamento, a poesia e as histórias de uma cultura.

O que julgamos inútil pode ser útil de uma forma que não compreendemos. Nosso problema é que confundimos utilidade com valor.

A inutilidade pode ter um grande valor. Na verdade, como costumam dizer os mestres budistas, para praticar a meditação adequadamente deveríamos meditar sem pensar em ganho, mas simplesmente por meditar.

Quando nos sentimos sem valor nem esperança, de fato pode ser um alívio fazer algo que não tenha objetivo. Na meditação podemos descansar, colocando uma pausa na obrigação de fazer alguma coisa ou ser alguma coisa, e apenas ser.

As idéias de valor e utilidade, de mérito e inutilidade são apenas isso – idéias que os seres humanos colocam nas coisas do mundo. Existe um mundo mais amplo que podemos começar a ver, um mundo além de noções como utilidade e inutilidade.

Quando desistimos de buscar algum ganho, quando conseguimos simplesmente ver a verdade de *ser* em vez de *fazer*, podemos até descobrir o nosso próprio valor.

Exploração adicional

Reserve um dia para renunciar às suas idéias a respeito da utilidade. Entregue-se à vontade – que você talvez já tenha sentido, mas rechaçou – de não fazer nada. Não faça nada o dia inteiro ou faça só as coisas que tem vontade de fazer – empine uma pipa, assista ao mesmo filme três vezes ou deite-se e veja o tempo passar.

Você se sente culpado? Indulgente consigo mesmo? Tem medo de que nada mais seja feito ou de que acabe gostando demais da coisa?

Você é capaz de sentir prazer em todas essas coisas inúteis, de ter prazer simplesmente em viver? É capaz, inclusive, de parar de pensar que isso vai fazer-lhe bem e simplesmente concordar em fazê-lo?

Costuma-se dizer hoje em dia que deveríamos "praticar atos fortuitos de bondade". Por um dia, pratique apenas atos fortuitos. De repente você quer fazer coisas aparentemente bobas? O que acontece quando você de fato as faz? É difícil fazer algo sem a expectativa de resultados ou efeitos?

O esforço

> A meditação deve ser praticada com o mesmo empenho de alguém que tenta apagar o fogo que lhe incendeia o cabelo.
>
> DOGEN

Quando estamos deprimidos, o simples levantar-se e cruzar uma sala exige um esforço tremendo. E, apesar de isso dar-nos a oportunidade de refletir sobre a nossa constante ocupação e a começar a ver o valor do não-fazer, até essa reflexão exige de nós um esforço.

Porém, quando ouvimos a palavra *esforço*, geralmente a associamos ao dispêndio de energia – ao trabalho. Com a exaustão física que acompanha a depressão, a mera menção da palavra *esforço* pode nos deixar mais cansados.

Mas o esforço que despendemos na depressão não é, na essência, um esforço físico. Ele é antes um compromisso, uma obra do coração, mais do que do corpo.

Dogen disse que é pela prática da meditação que manifestamos a iluminação – e, com efeito, essa prática *é* em si iluminadora. O esforço exigido na meditação é diferente daquilo que estamos acostumados a considerar esforço. Não é necessariamente uma forma de atingir algum objetivo. Pelo contrário, é o esforço de apenas estar presente, de manifestar-nos na nossa vida e aprender a apreciá-la.

Nossos hábitos e condicionamentos são profundos. É necessário um esforço para que os percebamos e impeçamos de nos controlar. Estar presente em meio à dor, ao sofrimento e à dúvida da depressão também exige esforço. Agora e no futuro, vamos continuar a sentir dor. Quando tentamos evitar essa dor, nós a transformamos em sofrimento – e, assim, nós a intensificamos.

Para resistir ao sofrimento é preciso esforço. Para fazer o que sabemos que o momento exige de nós também é preciso esforço. E para simplesmente atravessar uma depressão às vezes é preciso um tremendo esforço.

Nós nos confundimos quando interpretamos a nossa resistência como esforço. O esforço que se exige de nós é diferente do que é necessário quando empurramos um carro para fora de uma vala. O esforço que se exige de nós é simplesmente a disposição de estar presentes, de manter-nos atentos e compassivos. É fazer as coisas incondicionalmente.

Na depressão como na meditação, a sonolência é um problema quase tão grande quanto a dor. Essa foi certamente uma dificuldade para mim. Durante algum tempo, vi o esforço para meditar como a resistência à sonolência. Isso me deixou com duas alternativas para enfrentar o problema. Às vezes eu lutava para ficar acordado. Entretanto, quando o fazia, invariavelmente pegava no sono, chegando às vezes a tombar para a frente e quase cair da almofada. A outra opção era ceder. Então adotava uma postura equilibrada e dormia por quarenta minutos, até que o despertador soava, anunciando o término da prática. Pouca meditação se processava em qualquer das alternativas.

Num longo retiro de meditação que fiz, estava tendo certos problemas com o sono, e minhas duas opções, como de hábito, não estavam dando muito resultado. Finalmente, percebi que, em vez de ceder ou lutar contra a sonolência, havia uma terceira opção: simplesmente observá-la. Não demorou muito para que eu me espantasse: eu já não estava "pescando" como um motorista que volta para casa tarde da noite, nem cochilando placidamente na almofada. Pelo contrário, sentia-me mais alerta que o normal, inclusive mais do que quando não estava com nenhum sono. A sonolência não havia passado — continuava, mas, quando parei de resistir, ela deixou de ser um problema e tornou-se simplesmente uma parte de tudo aquilo em que eu estava prestando atenção.

Cometi com a depressão um erro semelhante. Levei muito tempo até descobrir, por fim, que a solução era a mesma: parar de lutar contra a depressão *e* parar de me entregar conscientemente a ela. Passei a apenas observá-la em todas as suas manifestações. E foi então que a minha verdadeira cura começou.

Na depressão, criamos muitos problemas para nós quando nos esforçamos para derrotá-la ou administrá-la. Porém, se nos esforçarmos simplesmente para estar atentos, para observá-la, em vez de lutar ou ceder, conseguiremos encontrar a paz, a energia e a alegria que estão por trás da depressão.

O trabalho

Hyakujo trabalhava em seu templo mesmo depois de já ter completado 80 anos, cuidando dos jardins, limpando o chão e podando as árvores. Os monges condoíam-se ao ver o velho mestre trabalhar tanto, mas, sabendo que ele não daria ouvidos aos seus conselhos para que parasse, resolveram esconder suas ferramentas. Nesse dia, o mestre não comeu, nem no dia seguinte. Os monges afinal recolocaram as ferramentas no lugar. Nesse dia Hyakujo trabalhou e alimentou-se, como sempre fizera antes. Na palestra da noite, ele lhes disse: "Sem trabalho não se come."

HISTÓRIA ZEN

Um monge disse a Joshu: "Acabo de chegar a este mosteiro. Por favor, ensine-me." "Você já comeu seu mingau de arroz?", perguntou-lhe Joshu. "Sim, já", respondeu o monge. "Então, é melhor lavar o prato", disse Joshu. Com isso, a percepção do monge ampliou-se.

MUMONKAN, *CASO 7*

A depressão caracteriza-se pela lentidão, pela inatividade, pela incapacidade de tomar decisões e de levá-las a cabo. Há muito que aprender com essa faceta da depressão, mas há ocasiões em que, apesar de tudo, precisamos agir.

A atividade é importante na cura da depressão. Já foi demonstrado que o exercício físico ajuda a reduzir a depressão. Além disso, a sensação de haver realizado alguma coisa e ter sido útil contribui muito para que superemos o sentimento de não valer nada. E o fato é que, embora tenhamos muito que aprender e ganhar com o silêncio, a imobilidade e a introspecção, precisamos trabalhar para manter-nos. A comida precisa ser preparada, a casa precisa ser arrumada, os filhos precisam ser cuidados e a roupa precisa ser lavada.

Geralmente pensamos na meditação e na prática do zen em termos de imobilidade, passividade, não-fazer — muitas das mesmas características que se aplicam à depressão. No entanto, chega o momento na meditação em que precisamos nos levantar da almofada e fazer alguma coisa. Mesmo nos retiros zen intensivos, a meditação precisa ser intercalada com atividade — com o trabalho de cozinhar as refeições, de lavar os pratos e de cuidar da manutenção do local.

Nos mosteiros zen tradicionais, o cargo de cozinheiro-chefe era dado a um monge ou monja veteranos, como parte de sua prática espiritual. Mais que qualquer outro cargo, o do cozinheiro exige trabalho árduo. Com ele, sobra pouco tempo para a meditação. Nisso podemos ver a dupla ênfase do zen: na atividade e no trabalho, por um lado, e no silêncio e na imobilidade, por outro.

Em lugar de ver o trabalho como uma desagradável necessidade, podemos considerá-lo, como os monges de um mosteiro zen, uma parte de nossa prática e de nosso caminho espiritual. Podemos permanecer atentos e perceptivos enquanto realizamos nossas atividades.

Além disso, podemos ver o trabalho como parte de nosso processo de cura, dando-lhe a mesma importância que damos a qualquer outra coisa que fazemos com esse objetivo. Lavar a louça, lavar o carro ou ir ao trabalho são atividades tão úteis quanto qualquer outra. Não é necessário que seja uma grande tarefa; o simples fato de nos levantarmos e fazermos algo a cada dia já faz diferença e nos faz progredir no caminho rumo à cura.

É possível encontrar o equilíbrio entre a imobilidade e a atividade. Com isso, podemos começar a viver de modo que tudo se torne uma oportunidade de aprendizagem e de cura. Podemos participar plenamente do mundo com atenção e compaixão — não apenas no reino (relativamente) fácil do silêncio e da calma, mas no mundo ruidoso e confuso da vida humana.

Exploração adicional

Pense em alguma tarefa que precisa ser feita. Em vez de correr para realizá-la e, assim, acabar logo, concentre-se nela com a mesma atenção com que se concentraria na respiração ao meditar.

Realize essa tarefa lentamente, trabalhando com toda a atenção. Concentre-se nas sensações provocadas pela experiência do trabalho, e não na sua finalização. Seu objetivo é a atenção que você dedica, e não o trabalho que precisa ser feito.

Se estiver varrendo o chão, observe o contato da vassoura com a mão, o ruído que ela faz, a poeira que levanta. Se estiver lavando a louça, sinta a espuma que o sabão forma, a temperatura da água, o ar que você inspira, o peso do seu corpo sobre a planta dos pés.

Quando terminar de fazer uma coisa, não corra imediatamente para fazer outra. Em vez disso, preste atenção à respiração. Pare um instante para sentir o intervalo entre uma tarefa e outra, como sente o silêncio entre as notas musicais.

Mente de pai, mente de mãe

> Independentemente da pobreza e das adversidades, os pais amam e criam os filhos com carinho. É possível medir um amor assim? Só um pai ou uma mãe podem entendê-lo. Os pais protegem os filhos do frio e do calor, sem pensar um instante em seu próprio bem-estar. Só uma pessoa com essa mentalidade pode entender tal amor e, para captá-lo em sua plenitude, só uma pessoa para quem essa atitude se tenha tornado uma segunda natureza. Aí é que ser pai ou ser mãe chega ao auge. Do mesmo modo, quando se manuseia a água, o arroz ou qualquer outra coisa, é preciso ter o interesse e o carinho de um pai ou de uma mãe que cuidam do filho.
>
> DOGEN, *INSTRUÇÕES PARA O COZINHEIRO*

Muito se vem falando, nos últimos anos, de encontrar a criança que existe dentro de nós. Na depressão é fácil encontrá-la. Com efeito, a depressão é, em muitos sentidos, uma volta à infância. Não conseguimos cuidar de nós mesmos. Queremos ir para a cama bem tarde; não queremos nos alimentar direito; de repente, queremos sorvete no café da manhã. Não queremos assumir as responsabilidades da vida adulta. Temos medo de enfrentar o mundo sozinhos. Quando temos filhos, é difícil agir como pais com eles (e com nós mesmos).

Precisamos de um pai ou mãe que nos guiem na depressão. Precisamos encontrar o adulto que existe dentro de nós — algo que poderíamos chamar de nossa mente de pai ou mãe.

O que caracteriza essa mente?

Os pais são pacientes e detectam o progresso dos filhos nos menores passos. Praticam a aceitação e o amor incondicional. Lutam por equanimidade e, quando se zangam ou se frustram, a emoção se extingue rápido e não ameaça ninguém. Sua raiva passa depressa e é utilizada como uma oportunidade de ensino e aprendizagem.

Os pais são atentos e cuidadosos. Estão dispostos a abrir mão do primeiro plano. São sempre conscientes da impermanência. (E, quando não o são, têm no filho um lembrete vivo.) Os pais entendem que não podem controlar, mas apenas tentar tornar as circunstâncias o mais favoráveis possível.

Os pais falam com calma e não elevam o tom de voz mesmo quando estão zangados. Estão dispostos a admitir seus erros e a buscar a reconciliação. Têm consciência das limitações de seu poder.

Os pais dão espaço para que a alegria possa chegar a qualquer momento. Eles vivem essa alegria em prazeres simples, fugazes – ou simplesmente a desfrutam na presença um do outro.

Os pais sabem que às vezes precisam assumir um papel que é maior que eles (ou maior do que a idéia que têm de si mesmos). Estão sempre prontos a aprender com qualquer situação, com qualquer pessoa – mesmo com alguém que tenha muito menos experiência.

Os pais sabem que os resultados nem sempre são imediatamente visíveis – e que certamente não são previsíveis. E, assim, são movidos pela fé. Mas o próprio fato de ser pai ou mãe é um ato de fé – fé não só nesse momento, mas também no futuro, em algum futuro, qualquer que seja ele.

Adotar esse modo de pensar pode ser extremamente útil durante a depressão, não só para nós, como também para as pessoas que nos cercam. Assim, além de entender-nos melhor, podemos cuidar melhor de nós mesmos. Por causa disso, podemos agir com mais consciência e compaixão para com todos.

Os mestres budistas costumam usar a expressão *mente de macaco* para descrever os constantes saltos que dão os nossos pensamentos. A expressão me faz pensar nos livros sobre o macaco George, o Curioso, que leio para meu filho. George é como um menino pequeno, que pula de experiência em experiência, sempre em busca de emoção e aventura. Ele não pensa nas conseqüências de seus atos.

Qualquer um pode ser como George, o Curioso, mas ficamos particularmente suscetíveis à mente de macaco quando estamos deprimidos. E, assim como o macaquinho acaba descobrindo ao fim de cada história, todos nós precisamos de alguém que nos mantenha nos eixos, longe do perigo, com mão firme e carinhosa.

Quando pensamos como se fôssemos o nosso próprio pai ou mãe, encontramos em nós mesmos essa mão.

Exploração adicional

Durante um dia inteiro, trate a si mesmo exatamente como trataria uma criança pequena que lhe houvesse sido confiada. Se cometer erros e ficar confuso, com medo ou com raiva, pense em como reagiria se essa criança fizesse o mesmo – e aja em relação a si próprio da mesma forma.

Você repreenderia uma criança pequena? Gritaria com ela ou a faria sentir-se envergonhada? Ou lhe falaria carinhosamente, com paciência e compreensão? Se essa criança cometesse um erro, você lhe diria que ela é burra e que não vale nada ou que é com os erros que todos nós aprendemos?

Pense em suas necessidades físicas da mesma forma. Você deixaria que uma criança dormisse menos do que precisa, só comesse açúcar ou ficasse sem brincar ou descansar? Você seria capaz de dar a si próprio o mesmo respeito e atenção?

Além disso, é preciso estabelecer limites para uma criança pequena – não deixar que faça malcriações, agrida os outros ou seja desrespeitosa com você ou com qualquer outra pessoa. Faça o mesmo consigo próprio.

Você é capaz de tratar-se com carinho e amor e, ao mesmo tempo, esperar de si mesmo que cumpra suas promessas?

Buda disse que deveríamos tratar todos os outros seres como se alguma vez tivessem sido nossas mães ou nossos filhos. (E, se você acreditar em reencarnação, eles o foram.)

O que significa tratar as pessoas dessa maneira? Você é capaz de ser compreensivo, inclusive com as pessoas difíceis, e mesmo assim estabelecer limites e dizer "não"? Você é capaz de tratar as pessoas a quem ama com o mesmo respeito e gratidão que teria por alguém que cuidou de você, que o alimentou, que protegeu e lhe ensinou?

Como você se sente agindo assim com os outros, mesmo que em menor grau? Como as pessoas reagem? É difícil para você? Fica mais fácil depois que começa? Como esse comportamento influi sobre a sua depressão?

Como você se sente quando age desse modo em relação a você mesmo? Fica mais fácil depois que começa? Como esse comportamento influi sobre a sua depressão?

Compaixão e ação

Minha religião é a amabilidade.

DALAI LAMA

O conhecimento do vazio faz nascer a compaixão.

MILAREPA

Quando estamos lutando contra a depressão, a amabilidade e a compaixão parecem-nos mais difíceis que água no deserto. Estamos sentindo raiva e medo, estamos julgando tudo. Mal temos energia para ser amáveis conosco, quanto mais com os outros. Ao mesmo tempo, é difícil acreditar que alguém possa oferecer-nos amabilidade. Sentimo-nos abandonados por nós mesmos e pelo mundo.

Mesmo assim, a capacidade da compaixão permanece em nós. Na verdade, as dificuldades que enfrentamos na depressão podem levar-nos a uma compreensão mais profunda da vida e também a uma maior compaixão pelos outros e por nós mesmos.

Quando vemos o quanto a vida traz de sofrimento a todos os seres, começamos a achar que o sofrimento que há no mundo já é o bastante. Perguntamo-nos por que haveríamos de torná-lo ainda maior. A percepção crescente da impermanência da vida também nos permite uma maior compaixão por nós mesmos e pelos nossos semelhantes. Assim, a compaixão surge da compreensão mais plena de nós mesmos e da natureza de nossa relação com este mundo.

Ao tornar-nos mais lentos, a depressão nos permite o contato com os sentimentos mais tenros e ternos que temos por nós mesmos e pelos outros. Se nos conscientizarmos do que está acontecendo conosco, a semente da compaixão crescerá em nossa vida. Então a compaixão que naturalmente existe em nós pode vir à tona, pronta para entrar em ação em nossos relacionamentos e atividades. (E, para não ficarem simplesmente no nível da percepção, nossa compreensão e compaixão precisam orientar nossos atos.)

Apesar de ser um clichê, a frase "Precisamos ter carinho por nós mesmos antes de poder ter carinho por alguém" é mais verdadeira que nunca na depressão. Antes de começarmos a ver além das sensações de falta de valor próprio e de ódio contra nós mesmos que sentimos na depressão, teremos condições de oferecer pouco amor a quem quer que seja. À medida que começamos a nos ver mais claramente por meio da percepção e da meditação, podemos ser mais indulgentes e compassivos, inclusive para com o nosso próprio eu.

As trevas da depressão dão-nos a impressão de que o nosso sofrimento jamais terá fim. Se já é difícil acreditar que podemos ajudar a nós mesmos, quanto mais ajudar as outras pessoas. No entanto, é na depressão que o serviço aos outros se torna mais importante ainda para nós.

A depressão pode ser uma enfermidade do eu, na qual nos envolvemos tanto com o nosso próprio sofrimento que vemos muito pouco além de nós mesmos. A busca de um modo de ajudar os outros pode contribuir para fazer-nos sair do estreito mundo do ego em que estamos vivendo.

Não precisamos pensar que para ajudar os outros temos de realizar grandes feitos. Cada palavra amável e cada ato de ajuda servem para fazer deste mundo um lugar melhor. As ressonâncias provocadas por um ato assim têm efeitos que podem permanecer para sempre além de nosso conhecimento.

Nós temos um modo de ser muito úteis para os outros. Superando a depressão, podemos oferecer amabilidade, compreensão e esperança para as pessoas que lutam contra ela. Podemos falar sinceramente a respeito dessa experiência e contribuir para mudar alguns dos preconceitos que ela desperta. Nossa ação pode fazer diferença.

Uma escritura budista pergunta: "Só existe uma pessoa que veio a este mundo para ajudar os outros e aliviar-lhes o sofrimento. Quem é essa pessoa?" Não pode ser outro senão você.

Exploração adicional

Sentado em silêncio, inspire e expire, concentrando-se na respiração.

Sinta o ar entrar em você, aquecendo e alimentando seu coração. Ao inspirar, concentre-se em si mesmo. Deixe-se envolver pelo calor que emana de seu coração. Diga em silêncio: "Que eu possa libertar-me do sofrimento. Que possa sentir-me em paz."

Continue respirando e mantendo-se em contato com o seu coração. Ao inspirar, diga: "Quem eu possa libertar-me do sofrimento"; ao expirar, diga: "Que possa sentir-me em paz." Admita toda a dor que já sentiu e continue a dar esse amor e esse carinho a si mesmo.

Depois de ter feito isso por alguns minutos, pense numa pessoa querida que possa estar precisando especialmente da sua atenção. Traga-a até o seu coração e, ao inspirar, diga-lhe: "Que você possa libertar-se do sofrimento"; ao expirar, diga-lhe: "Que possa sentir-se em paz."

Sinta aumentar o espaço que essa pessoa ocupa seu coração e sinta a força de seu desejo de que ela se recupere. Envie-lhe o amor que está sentindo por intermédio do pensamento, sinta-a dentro do seu coração e diga-lhe: "Que você possa libertar-se do sofrimento. Que possa sentir-se em paz."

Quando seu coração estiver maior ainda, faça o amor que está sentindo expandir-se ainda mais. Traga todas as pessoas da sua vida para dentro dele e, ao inspirar, diga-lhes: "Que vocês possam libertar-se do sofrimento"; ao expirar, diga-lhes: "Que possam sentir-se em paz." Continue usufruindo da sensação provocada pelo amor e carinho que você tem por eles.

Agora, abra o seu coração para todo o sofrimento que existe no mundo e, enquanto seu amor se estende infinitamente, diga: "Que todos os seres possam libertar-se do sofrimento. Que todos possam sentir-se em paz." Permaneça aqui, oferecendo amor a si mesmo e a todos os seres que sofrem: "Que todos os seres possam libertar-se do sofrimento. Que todos possam sentir-se em paz."

Viver conforme o juramento

Vivendo conforme o juramento, imóveis e em silêncio
As flores da ameixeira
De sessenta e três anos começam a abrir-se.
O espelho adornado de jóias reflete a Verdade como ela é.

DAININ KATAGIRI ROSHI

Na depressão, às vezes é difícil cumprir uma promessa feita apenas alguns minutos antes, quanto mais manter um juramento por qualquer tempo que seja. Ou, quando o fazemos e o mantemos, nós o usamos contra nós mesmos. Usamos esse voto como prova de nossa fraqueza e falta de valor até quando apenas cogitamos de rompê-lo. Em vez de fazer da nossa promessa algo que nos ajude e inspire, nós a usamos para mortificar-nos.

Mas, quando estamos deprimidos, precisamos de um juramento mais do que em qualquer outro momento. Podemos usá-lo para ajudar a curar-nos, para tornar mais fáceis as decisões e, às vezes, até para sentir-nos mais seguros e mais vivos.

A maioria das pessoas já fez algum tipo de juramento. Fazemos juramentos quando nos casamos. Ou promessas de ano-novo, quase sempre para esquecê-las algumas semanas depois. Assim, apesar de já termos feito juramentos alguma vez, não acreditamos muito no seu valor nem mesmo na sua eficácia.

Não acreditamos no poder dos juramentos para mudar o mundo nem a nós mesmos. Talvez porque os vemos — se é que recorremos a eles — como sortilégios mágicos. Professamos nossos votos uma vez e depois não fazemos mais nada para praticá-los. Está claro que assim eles não nos levam a lugar nenhum.

Um amigo meu estava apaixonado por uma mulher maravilhosa. Ele queria ficar ao lado dela para sempre, mas a simples idéia de assumir esse compromisso o deixava paralisado de medo. Então outro amigo lhe disse uma coisa muito simples que conseguiu transformar esse medo. Disse que ele estava errado em pensar nessa promessa como em algo eterno. Em vez disso, deveria vê-lo como uma promessa de amar essa pessoa como uma opção e um compromisso feito a cada dia — não como algo que devia dizer ou fazer e pronto, estava acabado. Alguns meses depois dessa nova forma de entender, meu amigo casou-se com seu amor.

Para fazer com que uma promessa surta efeito, é preciso vê-la como uma coisa viva, que precisa ser alimentada a cada momento com atenção e por opção. Meu mestre zen, Katagiri Roshi, falava de "viver conforme o juramento". Nossos juramentos são vivos, e nós precisamos imbuir-nos deles e viver cada momento conforme o que eles são.

Porém, mesmo que vivamos de acordo com o nosso juramento, podemos de vez em quando perdê-lo de vista ou até mesmo rompê-lo. Se isso acontecer, não tome o fato como desculpa para desistir dele. Faça-o uma vez mais e reassuma o seu compromisso com essa opção.

Quando mantemos vivo nosso juramento, eliminamos parte da luta que temos de enfrentar ao tomar uma decisão. De certa forma, não precisamos decidir — deixamos que o nosso juramento viva e decida por nós.

A prática budista usa dois tipos de juramento: proibições e resoluções positivas. Os budistas têm os dez grandes preceitos que proíbem — abstenções que conduzem a uma vida mais harmoniosa. Entre esses preceitos, estão: não mentir, não ingerir drogas nem bebidas alcoólicas, não roubar e não fazer mal a outrem. Alguns criticam as proibições — como essas ou como os Dez Mandamentos do cristianismo — por serem demasiado negativas.

Mas as pessoas precisam de ambos os tipos de juramento. Há atos tão nocivos, tanto para o mundo quanto para nós, que o juramento de abstenção é a coisa mais positiva que podemos fazer. Às vezes é mais fácil deixar de fazer algo negativo que esforçar-se para fazer algo positivo. A abstenção pode tornar a mente e o corpo mais sadios, o que, por sua vez, também pode levar a atos positivos.

Na depressão, há coisas de que devemos abster-nos. Um dos grandes preceitos que proíbem é não fazer mal a ninguém. Podemos aplicá-lo a nós mesmos. Podemos fazer um voto de não fazer mal a nós mesmos, seja de que modo for. A partir daí, já podemos ver que o suicídio não está entre nossas opções.

Podemos também fazer o juramento de não fazer mal a nós mesmos por não cuidarmos de nós mesmos. Podemos alimentar-nos bem, dormir o bastante. E podemos fazer votos de empreender ações positivas para a nossa cura: tomar medicamentos, se assim preferirmos, exercitar-nos fisicamente ou encontrar tempo para meditar.

Se conseguirmos fazer esses juramentos e cumpri-los, conseguiremos superar a dor da depressão.

Exploração adicional

Pense em algo que queira fazer ou abster-se de fazer. Pense em alguma coisa que tenha poder de cura, sobre você ou os outros.

Formule essa intenção como um juramento. Expresse-o em voz alta, mesmo que apenas para si próprio. Faça isso ao menos uma vez por dia. Alimente esse voto como se estivesse vivo.

Quando estiver passando por uma situação difícil, use-o para lembrar-se de sua intenção.

Se não conseguir cumpri-lo com perfeição, não faça disso desculpa para renunciar a ele. Repita-o e mantenha-o vivo. Deixe que ele continue a nortear sua vida e seus atos.

Leituras recomendadas

Depressão

Bloomfield, Harold H., M.D., e Peter McWilliams. *How to Heal Depression.* Prelude Press, 1994.

Burns, David, M.D. *Feeling Good: The New Mood Therapy.* Signet, 1980.

Copeland, Mary Ellen. *The Depression Workbook.* New Harbinger Publications, 1992.

Cronkite, Kathy. *On the Edge of Darkness: Conversations about Conquering Depression.* Doubleday, 1994.

Dowling, Colette. *You Mean I Don't Have to Feel This Way? New Help for Depression, Anxiety, and Addiction.* Bantam, 1993.

Goldberg, Ivan K., M.D. *Questions and Answers About Depression and Its Treatment: A Consultation with a Leading Psychiatrist.* Charles Press, 1993.

Huber, Cheri. *Being Present in the Darkness: Using Depression as a Tool for Self-Discovery.* Perigee Books, 1996.

Jamison, Kay Redfield. *An Unquiet Mind: A Memoir of Moods and Madness.* Knopf, 1995.

Nelson, John, and Andrea Nelson (organizadores), *Sacred Sorrows: Embracing and Transforming Depression.* Tarcher/Putnam, 1996.

Papolos, Demitri, M.D., and Janice Papolos. *Overcoming Depression: The Definitive Resource for Patients and Families Who Live with Depression and Manic-Depression.* Harper Perennial, 1992.

Styron, William. *Darkness Visible: A Memoir of Madness.* Vintage, 1990.

Thorne, Julia, with Larry Rothstein. *You Are Not Alone: Words of Experience and Hope for the Journey Through Depression.* Harper Collins, 1993.

Budismo e meditação

Aitken, Robert. *The Dragon Who Never Sleeps: Verses for Zen Buddhist Practice.* Parallax, 1992.

Aitken, Robert. *Taking the Path of Zen.* North Point Press, 1982.

Beck, Charlotte Joko. *Everyday Zen: Love and Work.* HarperSanFrancisco, 1989.

Bercholz, Samuel, e Sherab Chodzin. *Entering the Stream: An Introduction to the Buddha and His Teachings.* Shambhala, 1994.

Boorstein, Sylvia. *Don't Just Do Something, Sit There: A Mindfulness Retreat with Sylvia Boorstein.* HarperSanFrancisco, 1996.

Boorstein, Sylvia. *It's Easier Than You Think: The Buddhist Way to Happiness.* HarperSanFrancisco, 1995. [*É Mais Fácil do Que Você Pensa*, publicado pela Editora Cultrix, São Paulo, 1997.]

Braverman, Arthur. *Warrior Zen: The Diamond Hard Wisdom Mind of Suzuki Shosan.* Kodansha, 1994.

Chodron, Pema. *When Things Fall Apart: Heart Advice for Difficult Times.* Shambhala, 1997.

Cleary, Thomas, trad. *The Dhammapada.* Bantam, 1995.

Dogen e Uchiyama. *Refining Your Life: From the Zen Kitchen to Enlightenment.* Weatherhill, 1983.

Goldstein, Joseph. *The Experience of Insight: A Simple and Direct Guide to Buddhist Meditation.* Unity, 1987.

Hagen, Steve. *Buddhism Plain and Simple.* Tuttle, 1997.

Katagiri, Dainin. *Returning to Silence: Zen Practice in Daily* Life. Shambhala, 1988 [*Retornando ao Silêncio*, publicado pela Editora Pensamento, São Paulo, 1991.]

Katagiri, Dainin. *You Have to Say Something: Manifesting Zen Insight.* Organizado por Steve Hagen. Shambhala, 1998.

Kornfield, Jack. *A Path with Heart: A Guide Through the Perils and Promises of Spiritual Life.* Bantam Doubleday, 1993. [*Um Caminho com o Coração*, publicado pela Editora Pensamento, São Paulo, 1995.]

Levine, Stephen. *A Gradual Awakening.* Anchor, 1989. [*Um Despertar Gradual*, publicado pela Editora Pensamento, São Paulo, 1992.]

Levine, Stephen. *Guided Meditations, Explorations, and Healings.* Doubleday, 1991.

Morreale, Dan. *The Complete Guide to Buddhist America.* Shambhala, 1998.

Packer, Toni. *The Work of This Moment.* Tuttle, 1995.

Rahula, Walpola. *What the Buddha Taught.* Grove, 1986.

Reps, Paul. *Zen Flesh, Zen Bones.* Shambhala, 1994.

Salzberg, Sharon. *A Heart As Wide As the World: Living with Mindfulness, Wisdom and Compassion.* Shambhala, 1997.

Somé, Malidoma Patrice. *Ritual: Power, Healing and Community.* Swan Raven, 1993.

Suzuki, Shunryu. *Zen Mind, Beginner's Mind.* Weatherhill, 1972.

Tanahashi, Kazuaki, e Tensho David Schneider. *Essential Zen.* HarperSanFrancisco, 1994.

Thich Nhat Hanh. *Being Peace.* Parallax, 1987.

Thich Nhat Hanh. *Living Buddha, Living Christ.* Riverhead, 1997.

Thich Nhat Hanh. *Miracle of Mindfulness: A Manual of Meditation.* Beacon, 1992.

Trungpa, Chogyam. *Cutting Through Spiritual Materialism.* Shambhala, 1987. [*Além do Materialismo Espiritual*, publicado pela Editora Cultrix, São Paulo, 1987.]

Watson, Burton, org. *Chuang Tsu: Basic Writings.* Columbia University Press, 1964. [*Chuang-Tzu – Escritos Básicos*, publicado pela Editora Cultrix, São Paulo, 1987.]

Whyte, David. *The Heart Aroused: Poetry and the Preservation of the Soul in Corporate America.* Doubleday, 1994.